Yann Manes

La numérologie des cycles

des 9 joyaux

ೋ ✪ ಲ

Le Seigneur du Grand Cycle

Tous droits réservés – Yann Manes – Février 2023
Code ISBN : 979-83-752-5454-8
Marque éditoriale : Independently published

✧

Le code de la propriété intellectuelle interdit les copies ou reproductions destinées à une utilisation collective. Toute représentation ou reproduction intégrale ou partielle faite par quelque procédé que se soit, sans le consentement de l'auteur ou de ses ayants cause, est illicite et constitue un contrefaçon sanctionnées par les articles L335-2 et suivants du Code de la propriété intellectuelle.

Yann Manes est guérisseur, canal, voyant, astrologue (*astrologie védique*) et numérologue (*AnkaJyotisha*).

Il est le créateur de la numérologie des cycles et de l'oracle des 9 joyaux *(Carte oracle)*, qui est un oracle divinatoire avec les divinités de l'Inde.

Il est également le concepteur du logiciel **S.A.M.S.A.R.A**

★ 🌍 Site de l'auteur:
www.etoiledivine.com

✉ Lui écrire:
yannmanes@hotmail.com ★

Livre paru sur la numérologie des cycles. (www.amazon.fr)

Livre 1
Le seigneur de l'année.
ISBN :
979-84-233-5238-7

Le seigneur du grand cycle

श्री शनी

Seigneur Shani

Karma Karaka

Table des matières

Introduction 9
Les Nakshatra 11
Mon palais 1 15
    Ma Nakshatra de naissance 18
Déterminer son grand cycle 22
Description des 27 Nakshatra 29
    Trois personnalités 42
Un cycle de 35 ans 47
    Comprendre le tableau des grands cycles. 49
    Où se situe le G. cycle à l'âge du consultant ? 50
    Une influence plus grande 53
    Les divinités au niveau psychologique 65
Laquelle des deux divinités est la plus marquante ? 67
    Palais Vedha 68
Un Kundali différent 70
    Quelle position pour mon grand cycle ? 72
    Le regard d'une divinité à l'autre 75
    Lady Di 76
    La révolution Française de 1789 82
Le voyage du grand cycle 88
La Comtesse de la Motte 101
Joséphine De Beauharnais 104
Napoléon Bonaparte 108
Mata Hari 126
Charles De Gaulle 135
Mallaury Nataf 143
Christopher Reeve 152

Jean-Marc Morandini	156
Maximilien Robespierre	160
Édouard VIII	168
Benito Mussolini	177
Violette Nozière	182
Éva Kaïlí	188
Céline Dion	189
François Mitterrand	196
Emmanuel Macron	204
François Hollande	210
Crise des gilets jaunes	213
La Ve République française	214
Attaque du capitole USA	216
Les cycles sont universel	218
Les divinités au plan mondial	219
Les signes au plan mondial	222
Les palais au plan mondial	226
La IIIe République française	230
Le maréchal Pétain	235
La 1re guerre mondiale	240
Mai 68	242
Notre-Dame de Paris	246
Conclusion	248
Liste des pays	251
Vocabulaires techniques	257
Mes notes	259

La numérologie des cycles

Je m'incline devant Ganesh, fils de Parvati
et qu'il m'accorde la bénédiction de cet ouvrage sur la
numérologie des cycles.

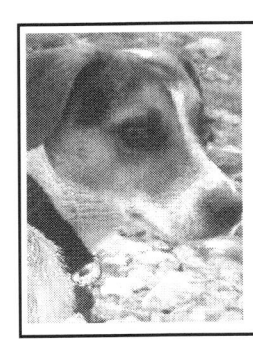

A Charly et Filou

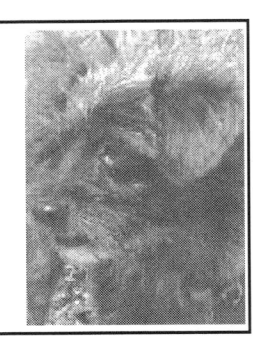

Introduction

Comme vous le savez maintenant, à la lecture du premier livre *"le seigneur de l'année"*, il y a cinq cycles au total, trois cycles majeurs et deux cycles mineurs ou complémentaires. Les trois cycles majeurs sont le seigneur de l'année, déjà étudié, le seigneur du grand cycle, qui tourne beaucoup plus lentement et le seigneur du mois. Pour les deux cycles mineurs, ce sont le seigneur du jour et le seigneur de l'heure. Le système que nous allons étudier ensemble, est peu connu et nous viens de la région du nord de l'Inde du village Pharwala, district Jullandhar, Punjab.

Le Pandit[1] Roop chand Joshi de ce village, est né en 1898, il est l'auteur d'un écrit sur un système d'astrologie, ce qui est courant en Inde, mais le fait le plus curieux est que ce système lui aurait été révélé par une entité surnaturelle. Peu à peu, il a commencé à remarquer qu'en regardant les traits du visage d'une vache, il pouvait décrire les caractéristiques de celle-ci et, dans une certaine mesure, les événements de la vie de son propriétaire. Ensuite, il développa intuitivement la capacité de juger le caractère et le destin d'une personne en se contentant de regarder son visage et les lignes sur son front. Bientôt, il fut en mesure de déchiffrer les lignes de la main et

---

[1] Pandit est un titre honorifique donné en Inde à un érudit, à un sage.

de la plante des pieds. À cette époque, il prédisait les événements actuels et les événements passés avec succès. Il faut souligner que sa connaissance de la physionomie et de la chiromancie lui est venue spontanément, il n'a étudié aucun livre sur ce sujet et il ne fut instruit par personne. Il affirmait qu'il a été sélectionné par la puissance divine pour donner au monde une nouvelle façon de comprendre la vie. Il est mort à 84 ans. Je me suis inspiré de ce que le pandit nous a légué, pour créer ce que je nomme le grand cycle et que l'Inde lui donne le nom de "Maha Dasha" qui signifie circonstances ou période de la vie. Ce grand cycle tourne à une vitesse beaucoup plus lente que le seigneur de l'année et exerce son influence plus profondément dans certains secteurs de notre vie. Vous apprendrez à le calculer facilement avec l'aide de tableaux et vous comprendrez mieux votre chemin de vie sur de longues périodes. Nous vivons dans une société de solitude et de violence, dont la civilisation même tourne le dos à l'ordre de l'univers. Ces enseignements traditionnels se sont transmis entre maître et disciple avec profondeur et respect du savoir enseigné, quand l'homme cherchait un sens spirituel à sa vie. La notion de temps n'étant plus la même qu'a l'époque, reprenez un rythme de vie en harmonie avec vous-même, ayez le désir d'apprendre et de comprendre. Aimez vous instruire.

Les Nakshatra

Le Kundali représente les 12 signes du zodiaque comme vous le savez, mais il y a aussi un autre découpage plus ancien, les **Nakshatra**, voici l'origine traditionnelle de ce découpage.

*"Les soixante filles de Daksha-le-compétent avaient été remises en mariage pour faire croître la population des différents mondes. Vingt-sept d'entre elles devinrent les épouses de **Chandra**."*

⇧ Daksha-le-compétent (*à gauche*) au côté de Shiva.

Les Nakshatra sont donc traditionnellement les 27 épouses de **Chandra**.

Ses 27 épouses se répartissent tout autour du Kundali. Les Nakshatra qui signifient littéralement *"sans déclin"* désignent les étoiles qui servent à mesurer le temps et l'espace.

⇦ **Chandra** *dans l'oracle des 9 joyaux*

La numérologie des cycles

Ce découpage céleste est mentionné dans un grand nombre de textes sacrés. Il fut au temps ancien, en usage c'est-à-dire d'un Kundali de 27 palais, à l'origine même on en comptait 28, avant de le réduire à douze palais. Les astrologues arabes et chinois connaissent un découpage similaire depuis fort longtemps, mais seuls les astrologues de l'Inde l'établir plus tard à 27 palais. Ici le Kundali ancien à 28 palais. Si nous continuons ce découpage, nous avons 64 carrés. Une relation lointaine avec les 64 hexagrammes du Yi King ?

1	2	3	4	5	6	7	8
28→	29	30	31	32	33	34	9
27	48	49	50	51	52	35↓	10
26	47	60	61	62	53	36	11
25	46	59	(64)	63	54	37	12
24	45	58	57	56	55	38	13
23	44	43	42	41	40 ←39		14
22	21	20	19	18	17	16	15

Vingt-sept représente le nombre de jours qu'il faut à la Lune pour parcourir le zodiaque[2]. Bien que les 27 Nakshatra soient les épouses du seigneur **Chandra** (*Chandra est masculin, mais d'essence féminine*), elles sont gouvernées par l'une des neuf divinités. Un numéro leur est attribué de 1 à 27. La

---

[2] En partant d'un point fixe dans l'espace et revenir à ce même repère, nommé : «mois lunaire sidéral». Ce temps est différent du mois lunaire synodique (*une lunaison*) qui lui a une durée de 29,53 jours et qui est la durée séparant deux phases identiques consécutives de la Lune (deux pleines lunes ou deux nouvelles lunes, par exemple).

Le seigneur du grand cycle

première Nakshatra débute au signe du Bélier et la dernière la 27ᵉ, au signe des Poissons. Ces Nakshatra se partagent équitablement le Zodiaque. Comme le Kundali évoque le cercle, nous aurons 27 parts égales du cercle zodiacal.

Vous remarquez ci-dessus sur le dessin de gauche que certaines Nakshatra "chevauchent" deux signes *(La Nakshatra N°3 va du Bélier au Taureau)* et sur le dessin de droite, chaque signe du zodiaque est gouverné par trois Nakshatra différentes. Ces Nakshatra mesurent dans le zodiaque 13°20' et bien évidemment si nous multiplions 13°20' par 27 qui est le nombre total de Nakshatra, nous obtenons 360°[3] soit un cercle parfait. Lorsque nous calculerons la position du Surya natal du consultant, grâce à

---

[3] Se dit d'un système de numération dont la base est soixante. La division des heures et des degrés en soixante minutes de soixante secondes est un vestige de la numération sexagésimale des Babyloniens. (60mn=1 heure ou 1 degré)

un tableau nommé *"le tableau de Surya"*, celui-ci se trouvera dans un signe du zodiaque et sous l'influence d'une Nakshatra particulière.

༂ Important ༃
C'est par la divinité gouvernant cette Nakshatra particulière que commencera le grand cycle du consultant.

Le calcul du grand cycle est différent du calcul du seigneur de l'année, mais le principe est le même, vous allez apprendre à découvrir le seigneur du grand cycle rapidement et ensuite comment chaque divinité prend place selon une suite bien définie.

Nous allons rappeler aux pages suivantes, comment trouver la position du Surya natal et je conseille vivement de lire le livre *"la numérologie des cycles, le seigneur de l'année"* si ce n'est déjà fait, pour en comprendre sa philosophie et son fonctionnement[4].

---

[4] Ce livre "Le seigneur de l'année" est disponible surle site: www.amazon.fr

Mon palais 1

La première des choses à faire pour matérialiser les cycles des 9 joyaux est de déterminer dans quel palais se trouvait le **Surya** natal lors de votre naissance. **Surya** parcourt sa révolution autour du Kundali en 12 mois, ce qui fait qu'il séjourne un mois dans chacun des 12 palais et votre date de naissance révèlera sa position sur le Kundali.
Ce palais est nommé **palais 1**. Pour cela, vous allez vous servir d'un tableau très simple nommé le tableau de Surya[5], qui va indiquer rapidement votre palais de naissance.

Tableau de Surya

Siècle		Bélier	Taureau	Couple	Crabe	Lion	J - Fille	Balance	Scorpion	Arc	Crocodile	Jarre	Poissons	
2050	A	13/04	14/05	14/06	16/07	16/08	17/09	17/10	16/11	15/12	13/01	12/02	14/03	A
	B	13/05	13/06	15/07	15/08	16/09	16/10	15/11	14/12	12/01	11/02	13/03	12/04	B
2000	A	12/04	13/05	14/06	15/07	15/08	15/09	16/10	15/11	14/12	14/01	12/02	13/03	A
	B	12/05	13/06	14/07	14/08	14/09	15/10	14/11	13/12	13/01	11/02	12/03	11/04	B
1950	A	13/04	13/05	14/06	15/07	15/08	15/09	16/10	15/11	15/12	13/01	11/02	13/03	A
	B	12/05	13/06	14/07	14/08	14/09	15/10	14/11	14/12	12/01	10/02	12/03	12/04	B
1900	A	12/04	13/05	13/06	14/07	15/08	15/09	15/10	14/11	14/12	12/01	11/02	12/03	A
	B	12/05	12/06	13/07	14/08	14/09	14/10	13/11	13/12	11/01	10/02	11/03	11/04	B

Prenons comme exemple une star d'Hollywood très connue, Marylin Monroe, née le mardi 01/6/1926.
Explication du tableau
1°) La colonne tout à gauche, indique les siècles, avec un pas de 50 ans. La ligne du dessus indique les signes du zodiaque.

---

[5] Retrouvez ce tableau en fin de livre.

La numérologie des cycles

Chaque colonne au-dessous des signes du zodiaque indique les dates où le seigneur **Surya** *(divinité solaire)* séjourne dans ce signe. Marylin Monroe est née en 1926, c'est-à-dire au siècle **1900**, placez votre doigt sur **1900** de la colonne fond noir, et en le déplaçant vers la droite, cherchez où se situe 01/6 *(son jour et mois de naissance)*.

Siècle		Bélier	Taureau	
2050	A	13/04	14/05	A
	B	13/05	13/06	B
2000	A	12/04	13/05	A
	B	12/05	13/06	B
1950	A	13/04	13/05	A
	B	12/05	13/06	B
1900	A	12/04	13/05	A
	B	12/05	12/06	B

Marylin Monroe
01/06/1926

2°) On trouve sa date de naissance dans le palais du **Taureau** (13/5-12/6), le 01/6 se situe bien entre ces deux dates. Cela indique que son **Surya** natal se situait dans ce signe quand elle est née. Le signe du Taureau est donc le palais 1 de Marilyn Monroe, et ce signe est le palais source de **Shukra**, *(Shoukla)* c'est donc sa divinité de naissance, ce qui marque sa personnalité et le commencement des cycles de son incarnation.

Dessinez un Kundali, marquez **1** dans son signe de naissance, le Taureau, et continuez la numérotation dans le sens des aiguilles d'une montre. (*voir la page suivante*)

Remarquez la notation alphabétique **A B** du tableau de Surya et qui sera expliqué plus en avant dans le livre.

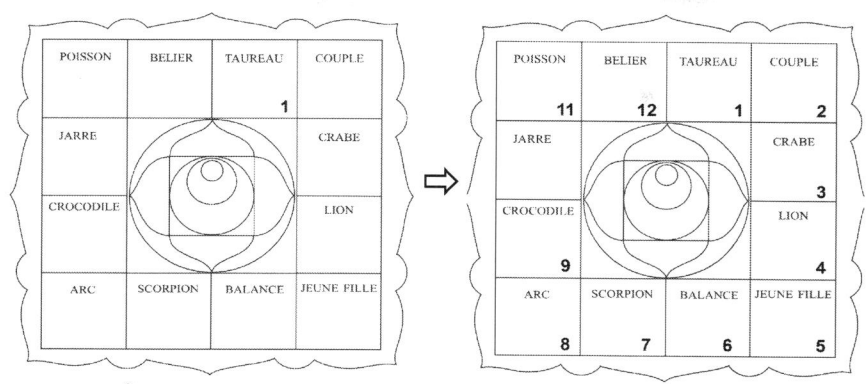

Le seigneur du grand cycle

POISSON	BELIER	TAUREAU	COUPLE
			1
JARRE			CRABE
CROCODILE			LION
ARC	SCORPION	BALANCE	JEUNE FILLE

⇒

POISSON	BELIER	TAUREAU	COUPLE
11	12	1	2
JARRE			CRABE
			3
CROCODILE			LION
9			4
ARC	SCORPION	BALANCE	JEUNE FILLE
8	7	6	5

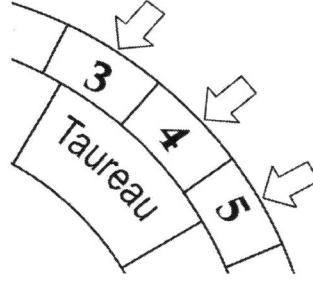

Vous avez le Kundali de naissance de Marylin Monroe. Nous avons donc le palais 1 de la personne concernée, mais vous savez à présent que les nakshatra chevauchent les palais et bien que Marilyn Monroe à son **Surya** natal dans le signe du Taureau, on ne peut dire pour l'instant quelle Nakshatra débute son grand cycle car il y a trois posibilités (*N°3, N°4, N°5*). Pour cela on utilisera un tableau qui va grandement nous aider, le **tableau des Nakshatra**.

ॐ

"Quand le dernier arbre sera abattu, la dernière rivière empoisonné, le dernier poisson pêché, alors vous découvrirez que l'argent ne se mange pas"

Proverbe indien

Ma Nakshatra de naissance

Voici le tableau des Nakshatra divisé en quatre parties, et que nous allons détailler.

	Be	00°	12°	Ke	01		Li	00°	12°	Ke	10		Ar	00°	12°	Ke	19
		13°	26°	Sk	02			13°	26°	Sk	11			13°	26°	Sk	20
		27°	29°	Su	03			27°	29°	Su	12			27°	29°	Su	21
	Ta	00°	09°	Su	03		Jf	00°	09°	Su	12		Cc	00°	09°	Su	21
		10°	22°	Ca	04			10°	22°	Ca	13			10°	22°	Ca	22
		23°	29°	Ku	05			23°	29°	Ku	14			23°	29°	Ku	23
	Co	00°	06°	Ku	05		Ba	00°	06°	Ku	14		Ja	00°	06°	Ku	23
		07°	19°	Ra	06			07°	19°	Ra	15			07°	19°	Ra	24
		20°	29°	Gu	07			20°	29°	Gu	16			20°	29°	Gu	25
	Cb	00°	02°	Gu	07		Sc	00°	02°	Gu	16		Po	00°	02°	Gu	25
		03°	16°	Sa	08			03°	16°	Sa	17			03°	16°	Sa	26
		17°	29°	Bu	09			17°	29°	Bu	18			17°	29°	Bu	27

❷ Degrés   ❸ Divinités

	00°	12°	Ke	01
Be	13°	26°	Sk	02
	27°	29°	Su	03

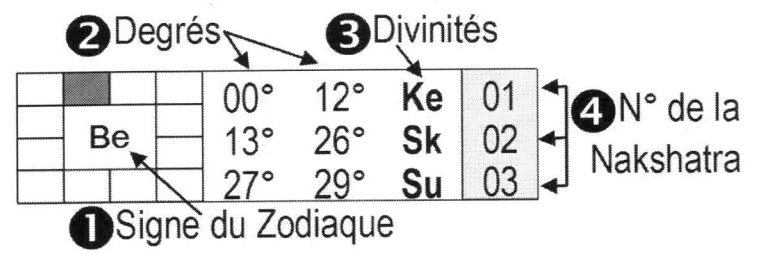

❹ N° de la Nakshatra

❶ Signe du Zodiaque

❶ Le signe du zodiaque en abrégé, où se trouve le Surya natal à la naissance. Le petit carré gris, montre l'emplacement du signe astrologique sur le Kundali.

❷ Les degrés, vous voyez qu'il y a trois fractions du palais, elles sont parfois différentes sur certains signes.

❸ Les divinités en abrégés gouvernant chacune une fraction.

❹ L'attribution d'un numéro de Nakshatra de 1 à 27.

Par exemple, dans le signe du Bélier, la divinité gouvernant la première Nakshatra est **Ketu**, (Ke) qui gouverne les degrés **00°** à **12°**[6] et on lui attribue le numéro 01. Pour **Shukra** (Sk) les degrés **13°** à **26°** et le numéro 02, **Surya** (Su) les degrés **27°** à **29°** et le numéro 03. Voici les 12 signes astrologiques avec leurs Nakshatra.

Be	00°	12°	Ke	01
	13°	26°	Sk	02
	27°	29°	Su	03

Ta	00°	09°	Su	03
	10°	22°	Ca	04
	23°	29°	Ku	05

Co	00°	06°	Ku	05
	07°	19°	Ra	06
	20°	29°	Gu	07

Cb	00°	02°	Gu	07
	03°	16°	Sa	08
	17°	29°	Bu	09

Li	00°	12°	Ke	10
	13°	26°	Sk	11
	27°	29°	Su	12

Jf	00°	09°	Su	12
	10°	22°	Ca	13
	23°	29°	Ku	14

Ba	00°	06°	Ku	14
	07°	19°	Ra	15
	20°	29°	Gu	16

Sc	00°	02°	Gu	16
	03°	16°	Sa	17
	17°	29°	Bu	18

Ar	00°	12°	Ke	19
	13°	26°	Sk	20
	27°	29°	Su	21

Cc	00°	09°	Su	21
	10°	22°	Ca	22
	23°	29°	Ku	23

Ja	00°	06°	Ku	23
	07°	19°	Ra	24
	20°	29°	Gu	25

Po	00°	02°	Gu	25
	03°	16°	Sa	26
	17°	29°	Bu	27

---

[6] Vous n'aurez aucun calcul à faire avec les degrés.

Vous observez que le signe du Bélier, a les mêmes attributions que le signe du Lion et de l'Arc, exception faite pour la numérotation. Ce qui nous fait dire que tous les cinq palais, on retrouve les trois mêmes divinités.

3 *(cycles)* X **9** *(divinités)* = **27** Nakshatra.
Un rappel des noms des divinités en abrégé

Signes	Abrégé	Signes	Abrégé
Bélier	⇨ **Be**	Balance	⇨ **Ba**
Taureau	⇨ **Ta**	Scorpion	⇨ **Sc**
Couple	⇨ **Co**	Arc	⇨ **Ar**
Crabe	⇨ **Cb**	Crocodile	⇨ **Cc**
Lion	⇨ **Li**	Jarre	⇨ **Ja**
JeuneFille	⇨ **Jf**	Poissons	⇨ **Po**

Comment s'en servir concrètement ?

Si le **Surya** natal (*à la naissance*) se situe, disons à 14° du Bélier[7]. Regardez où se trouve ce degré sur le tableau des Nakshatra et vous voyez que c'est **Shukra** qui gouverne la partie de **13°** à **26°**. C'est donc par cette divinité que commence le grand cycle de votre consultant.

---

[7] L'explication des degrés va être donnée aux pages suivantes.

Le seigneur du grand cycle

Si le **Surya** natal se situe dans le signe de l'Arc à **3°**, alors **Ketu**, qui gouverne la fraction de **00°** à **12°** du

			00°	12°	Ke	19
	Ar		13°	26°	Sk	20
			27°	29°	Su	21

signe de l'Arc, commence le grand cycle. Le concept est simple, le grand cycle débute <u>toujours</u> par la divinité de la Nakshatra activée selon la position du Surya natal. Ce qui nous fait dire que trois naissances dans un même signe font 243 possibilités (*3 Nakshatra x 9 seigneurs de l'année x 9 grands cycles*), soit un total de 2916 destinées uniques. Une fois trouvée la divinité de départ, les autres suivront un cycle exposé prochainement.

La Nakshatra de naissance dévoile une personnalité plus profonde du consultant.

"Tout père doit protéger sa fille comme les épines protègent la rose".

Proverbe indien

Déterminer son grand cycle

Vous savez à présent déterminer votre signe de naissance, mais pour établir votre grand cycle, nous devons connaître le degré de la position de **Surya**. Reprenons comme exemple la position de **Surya** pour Marilyn Monroe, née le 1/6/1926.

Siècle		Bélier	Taureau	
2050	A	13/04	14/05	A
	B	13/05	13/06	B
2000	A	12/04	13/05	A
	B	12/05	13/06	B
1950	A	13/04	13/05	A
	B	12/05	13/06	B
1900	A	12/04	13/05	A
	B	12/05	12/06	B

Marylin Monroe
01/06/1926

On trouve sa date de naissance dans le signe du Taureau (13/05-12/06).
Nous allons nous servir du deuxième tableau nommé: *tableau des degrés*. Pour trouver la position exacte de **Surya** lors de sa naissance, dans le signe du Taureau. Maintenant, nous distinguerons la première date [**A**] de la deuxième date [**B**]. Marilyn Monroe, est née au mois de juin (06), ce mois se situe bien sur la ligne [**B**] c'est donc la deuxième date du signe du Taureau.(13/05-12/**06**).

Vous ne pouvez pas vous tromper, car le **mois** de la date [**A**] est toujours différent du **mois** de la date [**B**].

A | 13 | 05 |
Jour Mois ⇧

B | 12 | 06 |
Jour Mois ⇧

Dans le tableau des degrés, la première date sera le tableau [**A**] et la seconde sera le tableau [**B**].

Le seigneur du grand cycle

Siècle		Jarre	
2050	A	12/02	A
	B	13/03	B
2000	A	12/02	A
	B	12/03	B
1950	A	11/02	A
	B	12/03	B
1900	A	11/02	A
	B	11/03	B

Voici la naissance d'Élisabeth Taylor, une actrice qui fut très populaire.
Elle est née le 27/**2**/1932.
Surya séjourne dans le signe de la Jarre, étant née en février, c'est donc la première date du signe. (11/**02**-11/03), ce qui correspond au tableau [**A**]. Une fois assimilez ce concept, tout va très vite.

Vous devez bien différencier la première date de la deuxième pour vous servir du **tableau des degrés** que nous allons voir maintenant. Ce tableau va nous donner instantanément la position exacte du **Surya** natal et par la même la Nakshatra de naissance qui génère notre grand cycle.

Dans l'un est la force.
Proverbe hindou

La numérologie des cycles

▼	11	12	13	14	15	16	17	18	**A**	**B**	10	11	12	13	14	15	16	17	▼
11	00°	▽	▽	▽	▽	▽	▽	▽			▽	▽	▽	▽	▽	▽	▽	29°	**17**
12	01°	00°	▽	▽	▽	▽	▽	▽	**▼**	**▼**	▽	▽	▽	▽	▽	▽	29°	28°	**16**
13	02°	01°	00°	▽	▽	▽	▽	▽	**13**	**13**	▽	▽	▽	▽	▽	29°	28°	27°	**15**
14	03°	02°	01°	00°	▽	▽	▽	▽	**14**	**14**	▽	▽	▽	▽	29°	28°	27°	26°	**14**
15	04°	03°	02°	01°	00°	▽	▽	▽	**15**	**13**	▽	▽	▽	29°	28°	27°	26°	25°	**13**
16	05°	04°	03°	02°	01°	00°	▽	▽	**16**	**12**	▽	▽	29°	28°	27°	26°	25°	24°	**12**
17	06°	05°	04°	03°	02°	01°	00°	▽	**17**	**11**	▽	29°	28°	27°	26°	25°	24°	23°	**11**
18	07°	06°	05°	04°	03°	02°	01°	00°	**18**	**10**	29°	28°	27°	26°	25°	24°	23°	22°	**10**
19	08°	07°	06°	05°	04°	03°	02°	01°	**19**	**09**	28°	27°	26°	25°	24°	23°	22°	21°	**09**
20	09°	08°	07°	06°	05°	04°	03°	02°	**20**	**08**	27°	26°	25°	24°	23°	22°	21°	20°	**08**
21	10°	09°	08°	07°	06°	05°	04°	03°	**21**	**07**	26°	25°	24°	23°	22°	21°	20°	19°	**07**
22	11°	10°	09°	08°	07°	06°	05°	04°	**22**	**06**	25°	24°	23°	22°	21°	20°	19°	18°	**06**
23	12°	11°	10°	09°	08°	07°	06°	05°	**23**	**05**	24°	23°	22°	21°	20°	19°	18°	17°	**05**
24	13°	12°	11°	10°	09°	08°	07°	06°	**24**	**04**	23°	22°	21°	20°	19°	18°	17°	16°	**04**
25	14°	13°	12°	11°	10°	09°	08°	07°	**25**	**03**	22°	21°	20°	19°	18°	17°	16°	15°	**03**
26	15°	14°	13°	12°	11°	10°	09°	08°	**26**	**02**	21°	20°	19°	18°	17°	16°	15°	14°	**02**
27	16°	15°	14°	13°	12°	11°	10°	09°	**27**	**01**	20°	19°	18°	17°	16°	15°	14°	13°	**01**
28	17°	16°	15°	14°	13°	12°	11°	10°	**28**										
29	18°	17°	16°	15°	14°	13°	12°	11°	**29**						**B**				
30	19°	18°	17°	16°	15°	14°	13°	12°	**30**										
31	20°	19°	18°	17°	16°	15°	14°	13°	**31**										

A

Le tableau des degrés divisé en partie **A** et **B**. Les colonnes aux extrémités indiquent les jours de naissances (**01** à **31**) et la ligne du haut en grisé, le jour de chaque date ou **Surya**

Siècle	Taureau	
1900	**A**	13/05
	B	**12/06**

entre et ressors dans les signes zodiacaux. Marylin Monroe est née le 1/**06** étant la deuxième date, vous devez vous servir du tableau [**B**].

Tableau [**A**] L'entrée de Surya dans le Taureau est le 13/05.

A	11	12	**13**	14	15	16	17	18

Le **13**/05 est ici ⇧

Tableau [**B**] Dernier jour de Surya dans ce signe est le 12/06.

B	10	11	**12**	13	14	15	16	17

Le **12**/06 est ici ⇧

Le seigneur du grand cycle

Pour Marilyn, prenez le <u>jour de la deuxième date</u>, ici c'est le **12** *(13/05-12/06)*, trouvez la colonne 12 du tableau **B** et descendez jusqu'au jour de naissance recherché. Elle est née le **01**, descendez jusqu'au **01**, a l'intersection du 12 et du **01**, on y trouve **18°**. Voilà, le **Surya** natal de Marylin Monroe est à 18° du Taureau.

Souvenez-vous. Si la date de naissance se situe dans le mois [**A**], alors prenez le premier jour de l'entré de Surya en (grisé) du tableau [**A**]. Si la date de naissance se situe dans le mois [**B**], alors prenez le dernier jour de Surya en (*grisé*) du tableau [**B**].

Autre exemple: Marie Antoinette née le 2/11/1755[8].

	Balance	
1750	13/10	**A**
	11/**11**	**B**

Je cherche le siècle **1750** et me déplaçant sur la ligne de droite, je trouve sa date de naissance dans le signe de la Balance 13/10 - 11/11. Étant née en novembre (*la 2ᵉ date*) je me sers du tableau [**B**]

---

[8] Pour les dates inférieures à 1901 allez à la page Information.

La numérologie des cycles

Le jour de la 2ᵉ date est ici le 11. (13/10 - **11**/11).
Cherchez dans le tableau **B** la colonne 11 *(qui est le premier jour de la seconde date)* et suivez la colonne jusqu'au jour de naissance le **2/11/1755**. À l'intersection du 11 et du 02, vous y trouvez **20°**. Le **Surya** natal de Marie-Antoinette se trouvait donc à 20° du signe de la Balance lors de sa naissance. Ce concept est plus long à expliquer qu'à le mettre en pratique et après quelques dates, ce sera très simple et très rapide.

1900	Jarre	
	11/02	A
	11/03	B

Reprenons l'exemple d'Élisabeth Taylor née le 27/**2**/1932, qui est du signe de la Jarre. Son mois de naissance (**2**) se trouve bien dans la première date et donc du tableau [**A**]. **Surya** y séjourne du **11**/02 - **11**/03.
Nous retenons le tableau [**A**] et le premier jour de l'entrée de Surya dans ce signe qui est le 11.

Le seigneur du grand cycle

A	11	12	13	14	15	16	17	18	A
11	00°	▽	▽	▽	▽	▽	▽	▽	▼
12	01°	00°	▽	▽	▽	▽	▽	▽	13
13	02°	01°	00°	▽	▽	▽	▽	▽	13
14	03°	02°	01°	00°	▽	▽	▽	▽	14
15	04°	03°	02°	01°	00°	▽	▽	▽	15
16	05°	04°	03°	02°	01°	00°	▽	▽	16
17	06°	05°	04°	03°	02°	01°	00°	▽	17
18	07°	06°	05°	04°	03°	02°	01°	00°	18
19	08°	07°	06°	05°	04°	03°	02°	01°	19
20	09°	08°	07°	06°	05°	04°	03°	02°	20
21	10°	09°	08°	07°	06°	05°	04°	03°	21
22	11°	10°	09°	08°	07°	06°	05°	04°	22
23	12°	11°	10°	09°	08°	07°	06°	05°	23
24	13°	12°	11°	10°	09°	08°	07°	06°	24
25	14°	13°	12°	11°	10°	09°	08°	07°	25
26	15°	14°	13°	12°	11°	10°	09°	08°	26
27	16°	15°	14°	13°	12°	11°	10°	09°	27
28	17°	16°	15°	14°	13°	12°	11°	10°	28
29	18°	17°	16°	15°	14°	13°	12°	11°	29
30	19°	18°	17°	16°	15°	14°	13°	12°	30
31	20°	19°	18°	17°	16°	15°	14°	13°	31

Cherchez dans le tableau **A** la colonne 11 *(qui est le jour de la première date)* et suivez la colonne jusqu'au jour de naissance *27/2/1932*. À l'intersection du 11 et du 27 vous y trouvez **16°**. Le **Surya** natal d'Élisabeth Taylor se trouvait donc à 16° du signe de la Jarre lors de sa naissance. Avec de l'habitude, cela ne prend que quelques secondes. Il nous reste à regarder le tableau des Nakshatra pour dévoiler la divinité commençant le grand cycle de cette naissance.

Voici le tableau des Nakshatra (*plus large page 19*).

		00°	12°	Ke	01			00°	12°	Ke	10			00°	12°	Ke	19
	Be	13°	26°	Sk	02		Li	13°	26°	Sk	11		Ar	13°	26°	Sk	20
		27°	29°	Su	03			27°	29°	Su	12			27°	29°	Su	21
		00°	09°	Su	03			00°	09°	Su	12			00°	09°	Su	21
	Ta	10°	22°	Ca	04		Jf	10°	22°	Ca	13		Cc	10°	22°	Ca	22
		23°	29°	Ku	05			23°	29°	Ku	14			23°	29°	Ku	23
		00°	06°	Ku	05			00°	06°	Ku	14			00°	06°	Ku	23
	Co	07°	19°	Ra	06		Ba	07°	19°	Ra	15		Ja	07°	19°	Ra	24
		20°	29°	Gu	07			20°	29°	Gu	16			20°	29°	Gu	25
		00°	02°	Gu	07			00°	02°	Gu	16			00°	02°	Gu	25
	Cb	03°	16°	Sa	08		Sc	03°	16°	Sa	17		Po	03°	16°	Sa	26
		17°	29°	Bu	09			17°	29°	Bu	18			17°	29°	Bu	27

		00°	06°	Ku	23
	Ja	07°	19°	Ra	24
		20°	29°	Gu	25

Pour Élisabeth Taylor le **16°** de la Jarre correspond à la Nakshatra gouvernée par le

27

seigneur **Rahu**, car il gouverne de **07°** à **19°** de ce signe et le degré du **Surya** natal d'Élisabeth Taylor se trouve bien dans cette plage. C'est par cette divinité que commença son grand cycle.

		00°	09°	Su	03
	Ta	10°	22°	Ca	04
		23°	29°	Ku	05

Pour Marilyn Monroe le **18°** du Taureau est gouverné par le seigneur **Chandra**.

Chandra gouverne de **10°** à **22°** de ce signe, c'est par cette divinité que commença son grand cycle.

		00°	06°	Ku	14
	Ba	07°	19°	Ra	15
		20°	29°	Gu	16

Pour Marie-Antoinette le **20°** de la Balance est gouverné par le seigneur **Guru**..

Guru gouverne de **20°** à **29°** de ce signe, c'est par cette divinité que commença son grand cycle.

Vous comprenez maintenant que trois personnes peuvent naître lorsque **Surya** se trouve dans un même signe, mais que leurs grands cycles soient différents. Ce cycle se calcule une seule fois, et suit le consultant jusqu'à sa fin.

Le seigneur du grand cycle va donner la "couleur de fond" de l'existence du consultant.

Exercise: découvrez quelle divinité gouverne votre grand cycle de naissance et celui de votre conjoint.

Nous allons voir maintenant une description des 27 épouses du seigneur **Chandra** (*les Nakshatra*).

Description des 27 Nakshatra

Les descriptions qui suivent permettent avec la position du seigneur **Surya**, une description plus détaillée de votre consultant. (^_^):Positif - (>_<): Négatif.

| **Ashvini** ✶ *Gouverné par* **Ketu**
Animal: Le cheval | **1** |

(^_^) Qualité de mouvement, déplacement, rapidité, charme, élégance, intelligence, progrès, dynamisme, compréhensif, leadership, intelligent et habile.
(>_<) Remuant, querelleur, une trop grande hâte, risque d'extravagance, déterminé, aime plaire et séduire.

ഓ◊ଓ

| **Bharani** ✶ *Gouverné par* **Shukra**
Animal: L'éléphant | **2** |

(^_^) Décidé, volontaire, heureux, têtu, habile, attachement à la famille, calme, stable, solide, déterminé, persévérant, fidèle, sens du devoir, digne de confiance, fier, courageux, aime les enfants (la matrice est associée à l'amour maternel).Triomphe sur les difficultés.
(>_<) Compulsion dans le travail (travail de façon acharnée ou beaucoup trop), un trop grand contrôle de soi, va trop en avant.

Krittikâ ✶ *Gouverné par* Surya — 3
Animal: La brebis

(^_^) Séduisant, sympathique, sensuel.
(>_<) Jouisseur (éventuellement et suivant le cas: aimant les femmes des autres, dragueur, etc.), infidèle et gourmand. C'est, en général, un indice d'aisance, mais avec un risque d'adultère, avec les complications qui peuvent en découler.

ಏ◇ಐ

Rohini ✶ *Gouverné par* Chandra — 4
Animal: le serpent

(^_^) Indice de fidélité, de créativité, de sensibilité aux arts, de réussite et de stabilité; la diplomatie; aimable, poli, sincère, fidèle, charitable, moral, calme, sobre, stable et ferme.
(>_<) Excès dans les qualités ci-dessus ; par exemple, bigot (charitable en excès), inébranlable et ne revenant pas sur sa décision (excès de fermeté), la fourberie ou le mensonge (excès de diplomatie).

ಏ◇ಐ

Le seigneur du grand cycle

Mrigashirâ ✶ *Gouverné par* Kuja — 5
Animal: Le serpent

(^_^) La bienveillance (avec éventuellement de la timidité), le développement des arts ou de ses capacités artistiques (éventuellement les études), persuasif, habile.
(>_<) Changeant, indice d'aspect volage (ou trop sensuel), capricieux; bavard, beau parleur, épicurien, profiteur, tendance à aimer la vie facile.

༄◇༅

Aridrâ ✶ *Gouverné par* Rahu — 6
Animal: Le chien

(^_^) Toute situation, même délicate, peut évoluer. Les larmes versées par Ardrâ (en signe de compassion) ont permis de sauver les hommes d'une terrible sécheresse.
(>_<) Indice de malice, de soucis ou d'égoïsme ; ingrat, menteur, trompeur, perfide, rusé, fourbe, voleur, inconstant et infidèle.

༄◇༅

Punarvasu ✶ *Gouverné par* **Guru** — 7
Animal: La chatte

(^_^) Indice de calme, de bonté et de réflexion ; aimable, sympathique, calme, patient, optimiste, bon, généreux, sincère, fiable, naïf, aime l'art, le retour au foyer; aime vivre simplement, retiré du monde dans l'intimité de sa famille ou avec ses amis ; intérêt pour le yoga, la méditation, etc.

(>_<) L'excès des qualités ci-dessus, supporte mal les mondanités et la foule, indice de déménagement.

ೞ◇ಜ

Pushya ✶ *Gouverné par* **Shani** — 8
Animal: Le bélier

(^_^) Serviable, charitable, généreux, persévérant, réservé, prudent, économe, travailleur (ténacité dans l'effort) ; indice d'aisance, de renommée ou de popularité.

(>_<) Tenace, obstiné, frugal, contrôlé, impassible; la difficulté d'arrêter (ou de changer d'avis) si le sujet fait fausse route.

ೞ◇ಜ

Ashleshâ ✶ *Gouverné par* **Budha** — 9
Animal: Le chat

(^_^) Favorise l'élévation mentale et l'énergie, éloquent, habile, rusé, la transmutation de la peur en courage.
(>_<) Manque de franchise, risque d'avarice, déception, égoïste, ingrat, dur, asocial, versatile, malhonnête; indice de rupture familiale, professionnelle ou de tous ordres, désillusions.

༄◇༄

Maghâ ✶ *Gouverné par* **Ketu** — 10
Animal: Le rat

(^_^) Ambitieux, enthousiaste, entreprenant, travailleur, industrieux, ne manque de rien, aime profiter de la vie et des belles choses ; indice de richesse, de savoir-faire.
(>_<) Carriériste, domination, exaltation de la puissance.

༄◇༄

Purvâphâlguni ✶ *Gouverné par* **Shukra** — 11
Animal: Le rat

(^_^) Les qualités de **Shukra** (aime les arts, etc.), aimable, courtois, éloquent, généreux, érudit, la relaxation ; aime voyager, attiré par tout ce qui est féminin, les jeux amoureux.
(>_<) Gaspilleur, frivole, impétuosité, un peu d'orgueil, instable ; aime flirter, le luxe ; une certaine méfiance pour ce qui touche le feu.

Uttarâphâlguni ✶ *Gouverné par* Surya — 12
Animal: Le taureau

(^_^) Influence heureuse, joyeuse; populaire, généreux, plein d'amis, vif, sans soucis, éloquent, renommé, cultivé, goût pour la lecture; prédisposé au bonheur, à la volupté, sensuel; le mérite personnel est favorisé; indice de savoir, de popularité ; la capacité d'acquérir des richesses.
(>_<) Goût du luxe ou de paraître, gaspilleur, comportement imprudent, frivole, dragueur, voire jouisseur ; risque d'esclandre par suite d'une liaison amoureuse.

Hasta ✶ *Gouverné par* Chandra — 13
Animal: Le buffle

(^_^) Envie d'agir, esprit inventif, subtil, le travail

Le seigneur du grand cycle

journalier ou routinier, débrouillard, travailleur, peu ambitieux, au service des autres que patron dans l'âme, doué pour le commerce, érudit (mais avec un savoir technique ou pratique) ; aime le travail.
(>_<) Rusé, une conscience un peu fragile («élastique», mouvante), fuyante et peu fiable; mauvaise relation avec la famille, indice d'indélicatesse, voire de vol.

Citrâ ✶ *Gouverné par* Kuja — 14
Animal: Le tigre

(^_^) La lumière, l'élégance, le charme personnel, intuitif, charmant, amical, sentimental, élégant, aime le luxe, bonne relation avec le conjoint, à la recherche de la vérité, aime à peser le pour et le contre.
(>_<) Indécis et peu courageux.

Svâti ✶ *Gouverné par* Rahu — 15
Animal: Le buffle

(^_^) Calme, sobre, plein de maîtrise et de sang-froid, juste, loyal, charitable, généreux (en général, sans rien attendre en retour), gentil, sociable, poli, courtois, modeste, susceptible, sympathique et reconnaissant, supporte mal l'injustice; dispose d'un sens commercial développé.

(>_<) Peur de manquer, instable en amitié, l'excès des qualités ; susceptible d'induire les gens en erreur.

ಏ◇ಚ

Vishâkhâ ✶ *Gouverné par* Guru   **16**
Animal: Le tigre

(^_^) Intelligent, courageux, plein de bon sens, habile, vif, doué pour les affaires.

(>_<) Querelleur, promesses prises à la légère ou non tenues, paroles blessantes par manque de tact, tendance à brasser du vent, beau parleur, avare, mesquin, jaloux, cynique, peu charitable; obtenir un résultat par tous les moyens.

ಏ◇ಚ

Anurâdhâ ✶ *Gouverné par* Shani   **17**
Animal: La biche

(^_^) Opportunité dans la vie, déplacements, peu satisfait de l'endroit choisi, vaillant, travailleur, un peu vaniteux, gourmand, influent, respectueux de la parole donnée, peu de chance au jeu, pleinement conscient des marques

d'amitié.
(>_<) Vaniteux, dragueur, tendance à trop penser au sexe opposé ou à l'argent, égocentrique.

Jyeshtâ ✶ *Gouverné par* **Budha** — 18
Animal: Le cerf

(^_^) Pouvoir de diriger, content de soi, plein de ressources ; dans le thème de naissance, cette demeure prédispose au mariage avec quelqu'un de plus mature ou de plus âgé; gain auquel on ne s'attendait pas ou par un moyen qui n'est pas habituel au consultant; la découverte d'ennemis cachés.
(>_<) Difficulté à se faire des amis (des relations, etc.), perte, tendance à exagérer, asocial, peu ou sans amis, dur en paroles, autoritaire, ambitieux, vaillant, irritable, irascible, coléreux, emporté, querelleur.

Mula ✶ *Gouverné par* **Ketu** — 19
Animal: Le chien

(^_^) Favorable aux idées personnelles et aux domaines techniques, indice d'aisance, fier, ferme, discipliné, déterminé; aime le confort et la stabilité; propice aux activités salariées.

(>_<) L'excès des qualités (par exemple: rude, intransigeant, etc.), déteste l'insécurité, peur de l'avenir; défavorable au commerce, peu propice au travailleur indépendant (profession libérale ou assimilée).

ஐ◇ഔ

Purvâshâdhâ ✱ *Gouverné par* **Shukra** — 20
Animal: Le singe mâle

(^_^) L'invincibilité, la résistance, l'endurance, apprivoiser notre part animale (peur, etc.) qui est en chacun, les espoirs, bon rapport avec les frères et sœurs ; compétent, fidèle en amour, sincère, sait rester simple, constant en amitié, sensuel et fin gourmet.
(>_<) Problèmes d'argent; ambitieux, vaniteux, fier, aime le faste, autoritaire, trop dans le pouvoir, l'excès des qualités.

ஐ◇ഔ

Uttarâshâdhâ ✱ *Gouverné par* **Surya** — 21
Animal: La mangouste

(^_^) Prédispose à la vie militaire (par extension, l'homme d'action, le sportif), le combattant pour une idée; tempérament vertueux et reconnaissant, respectueux de la hiérarchie, obéissant, sociable, poli, populaire, humble, discret, modeste, honorable dans ses actions ; la droiture.

(>_<) Tendance à abuser des plaisirs sexuels, amours instables, le rebelle, l'énergie physique mal canalisée.

ॐ◇ॐ

Shravana ✶ *Gouverné par* Chandra — 22
Animal: Le singe

(^_^) Généreux, populaire, séduisant, bon, aimant, fidèle, cultivé, adroit, astucieux, actif, hardi et enthousiaste ; indice de renommée, de richesse, si on écoute judicieusement les autres; exprimer ses convictions pour créer un espace bénéfique.

(>_<) Se méfier des spéculations, éviter les prêts d'argent, ne pas s'engager, ne pas signer de contrat; les excès des qualités.

ॐ◇ॐ

Dhanishthâ ✶ *Gouverné par* Kuja — 23
Animal: Le lion

(^_^) Indépendant, courageux, vaillant, populaire, charitable, pas assez démonstratif, célibataire ; aime la musique, les femmes.

(>_<) Caustique, peu sensible, peu affectif, sans amis, effronté, intrépide, voire héroïque; indice de désaccord conjugal, risque de misogynie.

Shatabhishâ ✶ *Gouverné par* Rahu — 24
Animal: Le cheval

(^_^) Sincère, fidèle, ambitieux, indépendant, courageux, audacieux; favorable si on agit avec prudence.

(>_<) Facilement trompé, très sensible, volubile, versatile, implacable, rude, brusque, entêté, aventureux, irréfléchi ; implacable si trompé dans ses affections ; peu propice au domaine des affaires.

Purvâbhâdrapada ✶ *Gouverné par* Guru — 25
Animal: Le lion

(^_^) Patient, compétent, digne, mélancolique, beaucoup d'imagination, éloquent; la politique et le domaine des affaires sont favorisés.

(>_<) Lugubre, triste, avare, jaloux, mesquin, angoissé; prudence avec les femmes, surtout si c'est une nouvelle rencontre, facilement manipulé par le sexe opposé; la richesse n'est pas associée au bonheur conjugal.

Uttarâbhâdrapada ✶ *Gouverné par* **Shani** — 26
Animal: La vache

(^_^) Sensible, charitable, généreux, plein de tact, timide, vertueux, méditatif, spirituel; tendance à vivre retiré; le domaine spirituel est important, la méditation (ou la voyance) est favorisée; succès sur les ennemis.

(>_<) Les excès des qualités ; évoque un retard si décision hâtive, l'argent risque d'être dépensé aussi vite que gagné, exaltation spirituelle.

༄◇༄

Revati ✶ *Gouverné par* **Budha** — 27
Animal: L'éléphant

(^_^) Combatif, vaillant, courageux, sobre, compétent, créatif; tendance à mépriser l'argent, mais est sensible au sexe opposé; intérieurement paix de l'âme, même si les événements extérieurs sont contraires.

(>_<) Irascible, a des principes trop stricts; l'excès des qualités.

Trois personnalités

Nous allons voir trois descriptions de personnalités connues en utilisant ce que vous avez appris dans le seigneur de l'année et en y ajoutant l'influence de la Nakshatra de naissance. D'abord un rappel des éléments.

Feu ⇩	Terre ⇩	Air ⇩	Eau ⇩
Masculin	Féminin	Masculin	Féminin
Bélier Lion Arc	Taureau J-Fille Crocodile	Couple Balance Jarre	Crabe Scorpion Poissons
Déterminer Action Emporté Ambitieux Indépendant	Concret Acquisition Egoïste Pragmatique Réflexion	Abstrait Communication Changeant Curieux Hésitant	Secret Intuition Anxieux Sensibile Emotion

Napoléon Bonapare

Date de naissance: mardi 15/8/1769.

Surya natal à **3°** du Lion

Lion ⇩	Feu ⇩	Surya ⇩

Le seigneur du grand cycle

Autoritaire, loyal, fidèle, l'estime de soi, confiance en soi, arrogant, vaniteux, affectueux, généreux.	Déterminer Action Emporté Ambitieux Indépendant.	L'individualité, l'autonomie, l'égo, l'ambition, la confiance en soi, l'autorité, le commandement, l'énergie, le pouvoir, la dignité, la puissance, le charisme, l'indépendance, le soi, l'orgueil, le despotisme, la générosité, la détermination.

★ **Nakshatra (10) Maghâ** gouvernée par **Ketu** ⇩

(^_^) Ambitieux, enthousiaste, entreprenant, travailleur, industrieux, ne manque de rien, aime profiter de la vie et des belles choses ; indice de richesse, de savoir-faire.

(>_<) Carriériste, domination, exaltation de la puissance.

Coluche
Date de naissance: jeudi 28/10/1944.

		00°	06°	Ku	14
	Ba	07°	19°	Ra	15
		20°	29°	Gu	16

Surya natal à **13°** de la Balance

Balance ⇩	Air ⇩	Shukra ⇩
Diplomate, pacifique,	Abstrait Communication	L'harmonie, l'art, la beauté, l'amour,

romantique, impartial, idéaliste, indécis, coquet, esthète, prévenant.	Changeant Curieux Hésitant.	la prospérité, plaisir, désirs, sexualité, volupté, l'acquisition, l'argent, le luxe, la psychologie, l'artiste, les relations, l'union.

★ **Nakshatra (15) Svâti** gouvernée par **Rahu** ⇩

(^_^) calme, sobre, plein de maîtrise et de sang-froid, juste, loyal, charitable, généreux (en général, sans rien attendre en retour), gentil, sociable, poli, courtois, modeste, susceptible, sympathique et reconnaissant, supporte mal l'injustice; dispose d'un sens commercial développé.

(>_<) peur de manquer, instable en amitié, l'excès des qualités ; susceptible d'induire les gens en erreur.

Johnny Hallyday
Date de naissance: Jeudi 28/10/1944.

			00°	06° Ku	05
	Co		07°	19° Ra	06
			20°	29° Gu	07

Surya natal à **2°** du Couple

Couple ⇩	Air ⇩	Budha ⇩
Adaptable, curieux,	Abstrait Communication	L'intellect, l'analyste, l'intelligence, l'habileté, les

agité, sociable, amical, superficiel volage, hésitant, nerveux.	Changeant Curieux Hésitant.	études, le commerce, le business, la créativité, l'humour, la jeunesse, l'écriture, l'éloquence, la communication, la parole, l'incertitude, l'hésitation, le mouvement, les déplacements, le commerce.
★ **Nakshatra (05) Mrigashirâ** gouvernée par **Kuja** ⇩		

(^_^) la bienveillance (avec éventuellement de la timidité), le développement des arts ou de ses capacités artistiques (éventuellement les études), persuasif, habile.
(>_<) changeant, indice d'aspect volage (ou trop sensuel), capricieux; bavard, beau parleur, épicurien, profiteur, tendance à aimer la vie facile.

Nous voyons ici que la description de la Nakshatra apporte des informations supplémentaires quant à la personnalité du consultant. Le cas de Napoléon Bonaparte est sans appel. Quant à Coluche rappelons-le, il est à l'origine des restos du Coeur. Sa Nakshatra indique:
charitable, généreux (en général, sans rien attendre en retour), supporte mal l'injustice.
Pour Johnny Hallyday, sa Nakshatra parle pour lui:
la bienveillance (avec éventuellement de la timidité), le développement des arts ou de ses capacités artistiques.
Remarquez que Coluche et Johnny Hallyday ont le même

élément Air, qui accentue la communication, la parole, l'échange, mais leurs divinités de naissance les distinguent. Coluche gouverné par **Shukra** laissera son coeur parler et parfois se laisser submerger par ses émotions, tandis que Johnny Hallyday, sa divinité de naissance étant **Budha** aura un caractère plus analytique et plus dispersé ayant besoin parfois d'être rassuré.

Bien sûr, on ne connaît pas totalement les gens. Lorsque l'on applique les cycles sur les vedettes, leurs histoires et leurs personnalités sont plus connues, surtout si vous avez leurs biographies. Les personnes proches de vous sont un terrain d'expérimentation plus facile, car vous connaissez leurs traits de caractère, et la Nakshatra de naissance révélera sans doute un pan caché de leurs personnalités.

N'oubliez pas la partie (>_<) négative de la Nakshatra, qui nous rappelle la dualité de ce monde.

Un cycle de 35 ans

Selon le Pandit Roop chand Joshi, la vie humaine est sous l'influence de divinités selon un découpage inégal, il en résulte un cycle d'une durée de 35 ans. Ce cycle est généré en fonction de votre **Surya** natal. Ce **Surya**, se trouvant sur une Nakshatra particulière et gouverné par une divinité particulière, c'est par cette divinité que le grand cycle commence. Comme il y a neuf divinités, il y a donc neuf cycles différents et chacun de ces neuf cycles totaliseront 35 ans de la vie humaine, c'est pourquoi je le nomme grand cycle. À la 36e année, le grand cycle recommence de même qu'à la 71e année et ainsi de suite. Dans la plupart des cas, un être humain est gouverné par trois grands cycles majeurs ce qui fait un total de 105 ans. (*35x3*)

Si votre consultant est plus âgé, il sera dans son quatrième grand cycle majeur. Ce cycle de 35 ans se divise donc en neuf parties et d'une durée inégale, gouvernés eux-mêmes par une divinité et selon un ordre bien établi par la révélation qu'a eu le Pandit hindou.

Voici à la page suivante et sous forme de tableau, la durée d'influence et l'ordre immuable de chaque divinité, totalisant un grand cycle de 35 ans de la vie humaine.

La numérologie des cycles

Divinité	Nom en Abrégé	Durée
Shani	Sa	6 ans
Rahu	Ra	6 ans
Ketu	Ke	3 ans
Guru	Gu	6 ans
Surya	Su	2 ans
Chandra	Ca	1 an
Shukra	Sk	3 ans
Kuja	Ku	6 ans
Budha	Bu	2 ans
	Total	**35 ans**

Les cycles de **Shani**, **Rahu**, **Guru**, **Kuja** durent 6 ans, ceux de **Ketu** et de **Shukra** durent 3 ans, ceux de **Surya** et de **Budha** durent 2 ans, **Chandra** a le cycle le plus court et dure 1 an, ce qui fait des durées de 1, 2, 3, 6 ans.

Ce cycle est immuable, ce qui change c'est où vous le commencez. Si un consultant débute son grand cycle avec le seigneur **Shani**, son influence s'étend de l'âge de 1 an à 6 ans, puis **Rahu** de l'âge de 7 ans à 12 ans, **Ketu** de 13 ans à 15 ans, **Guru** de 16 ans à 23 ans, etc.

⇩ Début du grand cycle avec le seigneur **Shani**

Sa	Ra	Ke	Gu	Su	Ca	Sk	Ku	Bu
1-6	7-12	13-15	16-21	22-23	24	25-27	28-33	34-35

Le seigneur du grand cycle

⇩ Début du grand cycle avec le seigneur **Chandra**

Ca	Sk	Ku	Bu	Sa	Ra	Ke	Gu	Su
1	2-4	5-10	11-12	13-18	19-24	25-27	28-33	34-35

⇩ Début du grand cycle avec le seigneur **Ketu**

Ke	Gu	Su	Ca	Sk	Ku	Bu	Sa	Ra
1-3	4-9	10-11	12	13-15	16-21	22-23	24-29	30-35

Vous remarquez sur ces trois exemples que certaines personnes reçoivent l'influence de **Chandra** à l'âge d'un an, d'autres à 24 ans ou bien encore à 12 ans. Une fois le grand cycle de 35 ans atteint, il recommence à la 36ᵉ année, son deuxième grand cycle majeur[9]. Voici un de ces grands cycles commençant par le seigneur **Shani**.

Comprendre le tableau des grands cycles.

Sa	01-06	36-41	71-76
Ra	07-12	42-47	77-82
Ke	13-15	48-50	83-85
Gu	16-21	51-56	86-91
Su	22-23	57-58	92-93
Ca	24	59	94
Sk	25-27	60-62	95-97
Ku	28-33	63-68	98-103
Bu	34-35	69-70	104-105

Sur fond noir, la divinité commençant le grand cycle (*la Nakshatra du consultant que vous venez d'apprendre à calculer*), suivi par les huit autres divinités. À droite les âges qui sont sous l'influence de celle-ci. Pour le seigneur **Shani** son influence dure 6 ans de (01-06) et à la 7ᵉ année, c'est le seigneur **Rahu**, qui influence la vie du

---

[9] Un grand cycle majeur est une période de 35 ans achevée.

consultant jusqu'à l'âge de 12 ans, puis de 13 à 15 ans le seigneur **Ketu** et ainsi de suite. À la 36ᵉ année de même qu'à la 71ᵉ année, le grand cycle redémarre. Je vous rappelle que si votre consultant à plus de 105 ans et que vous souhaitez faire ces cycles, vous redémarrez un quatrième grand cycle majeur. C'est-à-dire que l'âge de 106 ans se substitue à l'âge d'un an et ainsi de suite. Pour un humain cela peut paraître long, mais pour les pays, certains ont déjà fait quelques tours. Les USA qui ont 247 ans le 4/7/2023 sont dans leur 8ᵉ grand cycle majeur.

Où se situe le G. cycle à l'âge du consultant ?

Sa	01-06	36-41	71-76
Ra	07-12	42-47	77-82
Ke	13-15	48-50	83-85
Gu	16-21	51-56	86-91
Su	22-23	57-58	92-93
Ca	24	59	94
Sk	25-27	60-62	95-97
Ku	28-33	63-68	98-103
Bu	34-35	69-70	104-105

Si votre consultant à 42 ans, et si le grand cycle du seigneur **Shani** lui est attribué, alors il est sous l'influence de **Rahu** pendant six ans. Ra 07-12 42-47 ⇐ De 42 ans à 47 ans. De même à l'âge de 59 ans il est sous l'influence de **Chandra**. À l'anniversaire de ces 31 ans, il est sous l'influence de **Kuja** pendant encore trois ans Ku 28-33 ⇐ 28,29,30,**31,32,33**.

Kuja à débuté à l'âge de 28 ans et se termine à 33 ans. Cette influence n'aura pas le même impacte pour tout le monde comme nous le découvrirons plus tard. Voici maintenant page suivante, le tableau des 9 grands cycles possibles en fonction de votre Nakshatra de naissance.

Le seigneur du grand cycle

Su	01-02	36-37	71-72	**Ku**	01-06	36-41	71-76	**Ra**	01-06	36-41	71-76
Ca	03	38	73	**Bu**	07-08	42-43	77-78	**Ke**	07-09	42-44	77-79
Sk	04-06	39-41	74-76	**Sa**	09-14	44-49	79-84	**Gu**	10-15	45-50	80-85
Ku	07-12	42-47	77-82	**Ra**	15-20	50-55	85-90	**Su**	16-17	51-52	86-87
Bu	13-14	48-49	83-84	**Ke**	21-23	56-58	91-93	**Ca**	18	53	88
Sa	15-20	50-55	85-90	**Gu**	24-29	59-64	94-99	**Sk**	19-21	54-56	89-91
Ra	21-26	56-61	91-96	**Su**	30-31	65-66	100-101	**Ku**	22-27	57-62	92-97
Ke	27-29	62-64	97-99	**Ca**	32	67	102	**Bu**	28-29	63-64	98-99
Gu	30-35	65-70	100-105	**Sk**	33-35	68-70	103-105	**Sa**	30-35	65-70	100-105
Ca	01	36	71	**Bu**	01-02	36-37	71-72	**Ke**	01-03	36-38	71-73
Sk	02-04	37-39	72-74	**Sa**	03-08	38-43	73-78	**Gu**	04-09	39-44	74-79
Ku	05-10	40-45	75-80	**Ra**	09-14	44-49	79-84	**Su**	10-11	45-46	80-81
Bu	11-12	46-47	81-82	**Ke**	15-17	50-52	85-87	**Ca**	12	47	82
Sa	13-18	48-53	83-88	**Gu**	18-23	53-58	88-93	**Sk**	13-15	48-50	83-85
Ra	19-24	54-59	89-94	**Su**	24-25	59-60	94-95	**Ku**	16-21	51-56	86-91
Ke	25-27	60-62	95-97	**Ca**	26	61	96	**Bu**	22-23	57-58	92-93
Gu	28-33	63-68	98-103	**Sk**	27-29	62-64	97-99	**Sa**	24-29	59-64	94-99
Su	34-35	69-70	104-105	**Ku**	30-35	65-70	100-105	**Ra**	30-35	65-70	100-105
Sk	01-03	36-38	71-73	**Sa**	01-06	36-41	71-76	**Gu**	01-06	36-41	71-76
Ku	04-09	39-44	74-79	**Ra**	07-12	42-47	77-82	**Su**	07-08	42-43	77-78
Bu	10-11	45-46	80-81	**Ke**	13-15	48-50	83-85	**Ca**	09	44	79
Sa	12-17	47-52	82-87	**Gu**	16-21	51-56	86-91	**Sk**	10-12	45-47	80-82
Ra	18-23	53-58	88-93	**Su**	22-23	57-58	92-93	**Ku**	13-18	48-53	83-88
Ke	24-26	59-61	94-96	**Ca**	24	59	94	**Bu**	19-20	54-55	89-90
Gu	27-32	62-67	97-102	**Sk**	25-27	60-62	95-97	**Sa**	21-26	56-61	91-96
Su	33-34	68-69	103-104	**Ku**	28-33	63-68	98-103	**Ra**	27-32	62-67	97-102
Ca	35	70	105	**Bu**	34-35	69-70	104-105	**Ke**	33-35	68-70	103-105

La numérologie des cycles

౬౨ **Conseil** ⚬౩

Vous devez retrouver facilement le grand cycle de vos consultants afin de comprendre ce qu'il vit. Munissez-vous d'un calepin à onglet alphabétique du genre de ceux où l'on note des adresses. Il vous servira à noter tout ce qui concerne le grand cycle en rapport avec vos consultants. Pour Marilyn Monroe, comme vous le savez maintenant, son grand cycle est celui du seigneur **Chandra**.

Prenez votre calepin répertoire, à la lettre **M** inscrivez:

Monroe Marilyn

D de N: Mar 1/6/1926

Surya Nat: 18° Taureau

Nak: N°4 Rohini

Grand cycle: **Chandra**

M

Inscrivez tous les grands cycles que vous calculerez, vous pouvez également si vous le souhaitez, coller le grand cycle du consultant que vous découpez d'une photocopie du tableau des grands cycles, dans ce cas prenez un cahier répertoire plus grand, comme sur la page suivante.

Le Roy Mathilde	Sk	01-03	36-38	71-73
D de N: Mer 2/1/1985	Ku	04-09	39-44	74-79
	Bu	10-11	45-46	80-81
Surya Nat: 19° Arc	Sa	12-17	47-52	82-87
	Ra	18-23	53-58	88-93
Nak: N°20 Purva Shadha	Ke	24-26	59-61	94-96
	Gu	27-32	62-67	97-102
Grand cycle: **Shukra**	Su	33-34	68-69	103-104
	Ca	35	70	105

L

Une influence plus grande

Lorsque vous êtes sous l'influence du seigneur du grand cycle, sont influence, dure plus longtemps que le seigneur de l'année, exception faite pour le grand cycle de **Chandra** qui à la même duré que le seigneur de l'année. Le seigneur du grand cycle donne la couleur de fond de ce que vit l'être. Si par exemple le grand cycle est régenté par la divinité **Shukra**, alors ce qu'elle représente selon quatre critères, influence la vie du consultant pendant sa durée d'action c'est-à-dire trois ans pour **Shukra**, .

Action du grand cycle selon quatre critères:
1°) Selon sa nature.
2°) Selon le palais qu'elle gouverne à la naissance du consultant.
3°) Selon sa nature originelle.
4°) Selon les palais qu'elle influence en fonction de l'âge du consultant.

Voyons ces quatre cas.
1°) Selon sa nature
Les divinités sont soit bénéfiques, maléfiques, changeantes ou instables, que nous avons déjà abordées dans le livre "*le seigneur de l'année*"
Je vous rappelle ici cette classification.

Divinités bénéfiques	
Guru **Shukra**	Bénéfique, signifie que la divinité répond aux attentes du consultant, souvent matériel et affectif.
Divinités maléfiques	
Surya **Shani** **Kuja** **Rahu** **Ketu**	Maléfique signifie que la divinité à un rapport avec la douleur, la souffrance le manque, etc. dans cette incarnation. **Surya** est la moins maléfique.
Divinité instable / changeante	
Chandra **Budha**	Signifie de l'instabilité, des changements, des hésitations dans la vie du consultant. **Budha** est moins instable que changeant.

2°) Selon le palais qu'elle gouverne à la naissance du consultant
Mais vous le savez, si une divinité maléfique gouverne un palais bénéfique, elle devient en partie bénéfique, si au

contraire une divinité bénéfique gouverne un palais maléfique, elle devient en partie maléfique.

Prenons comme exemple le seigneur **Shani** qui signifie le manque, la douleur, la solitude, les restrictions, etc. Si **Shani** gouverne le palais 9 et le palais 10, soit deux palais bénéfiques, il apportera de la chance, de la stabilité dans l'emploi, une sécurité, etc., mais soit de façon parcimonieuse ou après beaucoup d'effort. Car ne l'oubliez pas, **Shani** gouverne les restrictions. L'on voit ici que **Shani** apporte des bienfaits, mais selon la nature de la divinité, ce qui rejoint le premier critère.

Si le seigneur **Shani** regarde certains palais en fonction de sa position il va donc influencer certains secteurs de la vie de votre consultant. Donc en fonction de sa nature, certains secteurs subiront une influence qui dépend de la nature originelle (*maléfique/bénéfique*) et de sa nature occasionnelle (*gouverne un palais maléfique/bénéfique*).

Pour **Shani**, cette influence dure six ans et donc pendant ce laps de temps votre consultant vivra des évènements en relation avec les palais gouvernés par celui-ci et de ce qu'il représente. **Shani** est nommée en Inde Karma[10] Karaka ce qui peut se traduire par l'expression du Karma de l'âme.

Prenons la divinité la plus bénéfique naturelle, c'est-à-dire le seigneur **Guru**, s'il gouverne le palais 7 et le palais 10, par exemple sera bénéfique pour votre consultante, car en raison

---

[10] Le karma n'est autre qu'une expérience de vie due à des systèmes de croyance, transmisent d'une vie à l'autre jusqu'a ce quelle soit élucidée et réajustée à une réalité supérieure. «Barbara Ann Brennan»

de sa nature bénéfique et des palais bénéfiques qu'il gouverne, la période de six ans sera bien vécue. Le seigneur **Guru** apporte protection et réussite et cette période de six ans mettra l'accent sur le travail (*palais 10*) et la relation à l'autre (*palais 7*). Voyez le cas de Mallaury Nataf ou de Céline Dion étudié dans ce livre, pour vous en rendre compte. N'oublions pas le seigneur de l'année qui viendra augmenter ou diminuer cette influence.

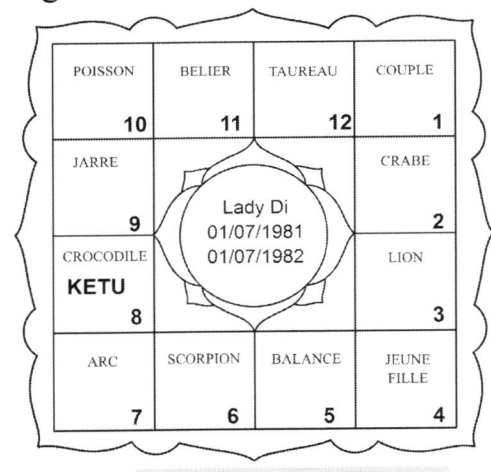

POISSON	BELIER	TAUREAU	COUPLE
10	11	12	1
JARRE 9	Lady Di 01/07/1981 01/07/1982		CRABE 2
CROCODILE **KETU** 8			LION 3
ARC 7	SCORPION 6	BALANCE 5	JEUNE FILLE 4

⇐ Prenons le cas de Lady Di. Mariage le 29/7/1981 à l'âge de 20 ans.
Le seigneur de l'année était **Ketu** en palais 8. Lors de son mariage, le seigneur du grand cycle était **Shukra** qui dure trois ans et présidait à sa destinée.

Shukra ▶ Impulsion initiale: Amour, relation.

⇩ Ici son grand cycle qui commence avec le seigneur **Rahu**.

Ra	01-06	36-41	71-76
Ke	07-09	42-44	77-79
Gu	10-15	45-50	80-85
Su	16-17	51-52	86-87
Ca	18	53	88
Sk	19-21	54-56	89-91
Ku	22-27	57-62	92-97
Bu	28-29	63-64	98-99
Sa	30-35	65-70	100-105

Elle se marie le 29/7/1981 à l'âge de 20 ans et **Shukra** est active de 19 ans à 21 ans ⇨ Sk 19-21 soit du 1/7/1980 au 1/7/1983. **Shukra** est le Karaka de l'amour et des relations sentimentales et aussi du relationnel. Elle est bénéfique naturelle et elle gouverne un excellent palais dans son Kundali, le palais 5, (*dans le signe de la Balance*) signifiant la romance, les enfants les loisirs, mais aussi un palais maléfique le palais 12 (*dans le signe du Taureau*) qui gouverne les pertes les exils les éloignements, les hospitalisations, les choses cachées, la solitude. Elle a eu un enfant baptisé, William Arthur Philip Louis Windsor, né le 21 juin 1982, mais souvenez-vous dans le livre le seigneur de l'année, comment cette grossesse s'est déroulée ! Le grand cycle est le thème principal. Ici, c'est l'amour, le besoin de tendresse et d'être aimée de la princesse. Vous savez que le palais 5 représente la naissance d'enfant, l'amant, la maitresse et que le palais 12 est appelé aussi par les Indiens "les plaisirs du lit". Nous voyons que cela reflète cette période qui dure trois ans. Ces trois ans mettent l'accent sur les sentiments, naissances d'enfants, les relations, l'art et les plaisirs sous toutes ses formes. **Shukra** dans le Kundali de la princesse, gouverne les palais[11] 5 et 12. Ce qu'ils représentent est aussi mis en lumière. Mais le seigneur de l'année n'était autre que **Ketu** !

> Le grand cycle est comme une fleur, ce qui la rend unique c'est la forme, la couleur, le parfum, mais si le soleil est brulant, un promeneur qui la coupe ou un coup de froid, cela est l'effet du seigneur de l'année. Il interfère sur le seigneur du grand cycle, mais une fleur reste une fleur, elle évoque toutes les images qui la définissent en la regardant.

3°) Selon sa nature originelle.

Chaque **Nava-Deva** est le Karaka de nombreuses choses, elles sont reliées à l'infini ce qui veut dire que tout ce qui peut exister dans le monde manifesté, ainsi que les structures émotionnelle et mentale, sont reliés aux 9 joyaux. Vous l'avez lu plus haut dans le livre que **Shukra** est le Karaka de l'amour, ce qui veut dire que **Shukra** est intimement lié à cette matière. Ce ne sera pas **Shani** ou **Guru**, mais uniquement **Shukra**. Je parle ici de Karaka c'est-à-dire des signifiants naturels de la divinité. Si le seigneur **Guru** gouverne le palais 5 alors, de façon "ocasionnel" il est relié à

---

[11] Voir la signification des palais dans le livre I, le seigneur de l'année..

l'amour, la romance, le flirt, mais comprenez que ce n'est pas sa nature immanente.

De même, chaque palais est le Karaka de nombreuses choses aussi, relisez la définition des 9 joyaux dans le livre le seigneur de l'année.

On l'a vu précédemment pour Lady Di le jour de son mariage, elle activait **Shukra** qui est le Karaka de l'amour.

Si l'on reprend les mots clés de **Shukra**:

Mots clés: L'harmonie, l'art, la beauté, l'amour, la prospérité, plaisir, désir, sexualité, volupté, l'acquisition, l'argent, le luxe, la psychologie, l'artiste, les relations, l'union, l'épouse.

Même si **Shukra** gouverne le palais 6 :

Maladie - Accident - Blessure - Ennemis - Les luttes - Les efforts - Compétitions - Ruptures - divorces - Ennuis - Les serviteurs - Les Animaux de compagnies.

il y aura quand même un lien avec l'amour ou le luxe ou un rapport à l'autre (*Divorce, relation rompue, violence conjugale, etc.*)

Lady Di active comme seigneur de l'année **Ketu**, ce qui est difficile, mais en activant aussi **Shukra** (*palais 5 et 12*), cela a donné une romance. Étudiez toujours la nature naturelle de la divinité. Par exemple:

Les Karaka naturels de **Budha** sont la communication, le mouvement, le commerce, la créativité, etc.).

Le Karaka occasionnel de **Budha** s'il gouverne le palais 10, qui est le "travail". Résultat le consultant est attiré par un emploi ou il peut s'exprimer, bouger, se déplacer, créer, vendre, etc. Le Karaka naturel des divinités s'exprime toujours.

4°) Selon les palais qu'elle influence en fonction de l'âge du consultant.

Il nous reste à voir ce quatrième cas, mais pour ce dernier nous attendrons encore un peu.

Le grand cycle de Marie Antoinette lors de la Révolution française.

Le 14 juillet 1789 est considéré comme le début de la Révolution française qui marqua le déclin de la monarchie.

Gu	01-06	36-41	71-76
Su	07-08	42-43	77-78
Ca	09	44	79
Sk	10-12	45-47	80-82
Ku	13-18	48-53	83-88
Bu	19-20	54-55	89-90
Sa	21-26	56-61	91-96
Ra	27-32	62-67	97-102
Ke	33-35	68-70	103-105

Le 2/11/1788, Marie-Antoinette à 33 ans et débute le grand cycle de **Ketu** **Ke** 33-35 qui comme vous le savez est une divinité maléfique. L'influence de **Ketu** dure trois ans du 2/11/1788 au 2/11/1791 **Ketu** génère des difficultés des pertes, des angoisses, des violences, mais offre toujours une porte pour un retour à son essence divine[12]. À nous de la voir, de la pousser, de toute façon elle change notre mode de pensée. Le seigneur **Ketu** nous sépare de ce qu'il touche. Dans cette période y est incluse en autre chose, la mort de son enfant le petit dauphin et la malheureuse tentative d'évasion, si mal préparée.

Ke	01-03	36-38	71-73
Gu	04-09	39-44	74-79
Su	10-11	45-46	80-81
Ca	12	47	82
Sk	13-15	48-50	83-85
Ku	16-21	51-56	86-91
Bu	22-23	57-58	92-93
Sa	24-29	59-64	94-99
Ra	30-35	65-70	100-105

⇐ **Louis XVI.**
Observons le grand cycle de Louis XVI, né le vendredi 23/8/1754. Lors de la révolution du 14/7/1789 il a 34 ans. et vous remarquez aussi que l'activation de **Rahu**, divinité maléfique, démarra le 23/8/1784 à l'âge de 30 ans, soit un an avant la fameuse affaire du collier de la reine. Nous voyons que sous l'influence du grand cycle du seigneur **Rahu** les ennuis se sont accumulés. Le 23/8/1790, Louis XVI a 36 ans et il commença le deuxième grand cycle majeur du seigneur **Ketu**, divinité maléfique qui dure trois ans jusqu'au 23/8/1793 (39 ans).

---

[12] Généralement, la période du seigneur Ketu est mal vécue par le consultant, et certains entreprennent une démarche spirituelle ou psychologique. Cette période reste toutefois délicate.

Il fut décapité pendant ce même cycle le 21/1/1793 à l'âge de 38 ans. Nous voyons bien ici l'influence du grand cycle qui montre une période difficile récurrente. C'est cela que révèle le seigneur du grand cycle. **Ketu** lui fit perdre le pouvoir royal et la vie !

⇐ **Abraham Lincoln**

Nous avons déjà étudié le seigneur de l'année d'Abraham Lincoln lors de son assassinat, voyons maintenant ce tragique évènement avec le seigneur du grand cycle. Rappelons les faits. Né le dimanche 12/2/1809, il fut le seizième président des États-Unis d'Amérique et assassiné le 15/4/1865, alors qu'il était au théâtre avec sa femme. À ce moment-là, le président avait 56 ans. Il commence le grand cycle du seigneur **Ketu** qui semble n'être guère favorable à ceux qui ont un pouvoir ou une autorité. Remarquez tout de même que pour le

Ku	01-06	36-41	71-76
Bu	07-08	42-43	77-78
Sa	09-14	44-49	79-84
Ra	15-20	50-55	85-90
Ke	21-23	56-58	91-93
Gu	24-29	59-64	94-99
Su	30-31	65-66	100-101
Ca	32	67	102
Sk	33-35	68-70	103-105

président Lincoln, le seigneur de l'année **Shani** (*seigneur du palais 1*) et du grand cycle **Ketu**, se trouvaient tous les deux en palais 8, la mort ! Vous avez compris que l'activation de deux divinités maléfiques est une épreuve pour le consultant. Le seigneur **Ketu** donne seulement au point de vue spirituel qui peut prendre de nombreuses formes, comme le détachement, des idées originales, des intuitions, l'amour du divin, le renoncement à certains schémas qui nous enfermait dans la matière, etc. Ce à quoi l'on donnait de la valeur et de l'attachement se désagrège, mais la transition est souvent pénible et difficile, c'est pourquoi il y a souffrance. Chacun va vivre cet état différemment, l'intensité est difficilement prévisible avec le seigneur **Ketu** qui va du mal-être à l'accident violent ou à la perte de la vie[13].

Assassinant de Le Lincoln ⇧

"On est possédé par ce que l'on possède"
Proverbe hindou

---

[13] J'ai remarqué que le consultant devient agressif, violent et colérique, ou bien abattu, fatigué et las de tout. Parfois les deux états coexistent.

Pauline Lafont

Étudiez dans le livre le seigneur de l'année, voyons à présent la divinité de son grand cycle.

Bu	01-02	36-37	71-72
Sa	03-08	38-43	73-78
Ra	09-14	44-49	79-84
Ke	15-17	50-52	85-87
Gu	18-23	53-58	88-93
Su	24-25	59-60	94-95
Ca	26	61	96
Sk	27-29	62-64	97-99
Ku	30-35	65-70	100-105

Pauline Lafont est née le samedi 6/4/1963. Actrice de cinéma très populaire dans les années 80, elle disparait au matin du jeudi 11/8/1988 à l'âge de 25 ans et sera retrouvée morte trois mois plus tard, le dimanche 21/11/1988. Ici le grand cycle est **Surya**, qui gouverne le palais 6 et donc active les effets de ce palais.

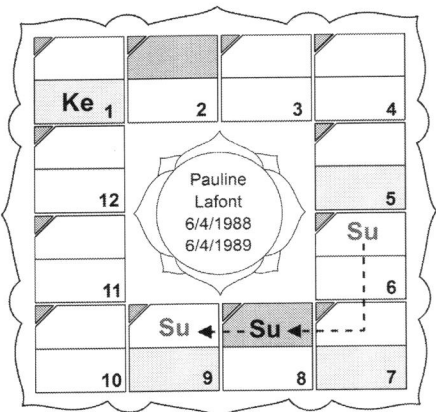

⇐ Son Kundali au moment de la tragédie. Remarquez que la période n'est pas facile. Le grand cycle de **Surya** se trouve en palais terne et en palais 8 et **Ketu** en palais 1. **Surya** gouverne la vitalité, elle meurt en chutant mortellement dans un ravin. Le palais 8 gouverne les choses cachées, son corps est retrouvé lorsque **Surya** passe[14] en palais 9, n'activant plus ce qui est dissimulé.

Exercise: calculer votre grand cycle actuel et que met-il en lumière ?

---

[14] Cette progression originale du seigneur du grand cycle sera expliquée en détail au chapitre "Le voyage du grand cycle"

Les divinités au niveau psychologique

Voici quelques pistes pour débuter avec le grand cycle au niveau psychologique. C'est une aide précieuse pour les thérapeutes, les astrologues, les voyants qui veulent découvrir ce que vivent leurs consultants et pouvoir mieux les comprendre. La souffrance est souvent cachée elle ne se dévoile pas facilement, mais avec la numérologie des cycles, vous pouvez mettre des mots sur cette détresse et avancer avec lui sur son évolution. N'est-ce pas le but essentiel de la numérologie des cycles ?

Surya: un sentiment d'indépendance, de solitude, de spiritualité, de se montrer, d'entreprendre, d'être reconnu.

Chandra un sentiment de bouleversement, de changement, de perte de repères, d'instabilité, de se sentir fragile, de materner, de soigner.

Budha un sentiment de mouvement, de changement, d'apprentissage, d'hésitation, de découverte, d'échanger.

Shukra un sentiment de relation, de plaire, d'acquisition, de prendre soin de soi ou des autres, d'aimer.

Kuja un sentiment d'agressivité, de dépassement, de courage, d'aller de l'avant, de se débattre, de colère.

Guru un sentiment de croissance, d'exagération, de croyance religieuse, de foi, d'enthousiasme, d'enseigner.

Shani un sentiment de solitude, d'efforts non reconnus, de blocage, de perte, de fatigue, de monotonie.
Rahu un sentiment de trahison, d'abandon, de dissimulation, d'obligation, de surtention, d'acharnement, d'obstination, de manipulation.
Ketu un sentiment de détachement, de persécution, de mis à l'écart, de violence, de perte de contrôle, de ruine.
L'impulsion initiale[15] des divinités s'accorde également. Ce n'est là qu'une direction de l'énergie du grand cycle qui peut être vécu différemment. Le consultant peut être à la tête d'une grande entreprise et se sentir seul, ou bien entouré d'une famille nombreuse et joyeuse mais un mal-être le ronge insidieusement. Le seigneur du grand cycle agit en résonance avec sa condition de maléfique ou de bénéfique et aussi par les palais gouvernés. Sa nature originelle est aussi très importante, par exemple si **Shani** gouverne le grand cycle, alors, on se place en retrait, ou bien les choses avancent moins facilement. Comme un tableau, il donne la scène principale, et le seigneur de l'année est comme si chaque année l'on découvrait un détail de ce tableau. Parfois, l'on regarde l'œuvre principal, parfois l'on s'attarde sur des détails, mais lorsque l'on parlera du tableau c'est l'impression générale qui est évoquée.

---

[15] Lire le livre "le seigneur de l'année"

Laquelle des deux divinités est la plus marquante ?

Dans une combinaison: seigneur du grand cycle - seigneur de l'année, la divinité dont l'empreinte est la plus marquée est le seigneur de l'année, car couvrant une période de temps plus court, ses effets sont plus apparents pour le consultant. Celles du grand cycle s'étendent sur de nombreuses années.

Exemple: La combinaison **Shukra/Shani** (*seigneur du grand cycle/ seigneur de l'année*) est moins chanceuse que **Shani/Shukra**, car **Shani** gouverne la perte l'épreuve et les obstacles et ses effets se concentrent sur une année, tandis que **Shukra**, ces effets s'étalent sur trois ans. De même, la combinaison **Shukra/Kuja** est plus violente que **Kuja/Shukra**. Le seigneur **Kuja** agit et concentre ses effets sur une année dans le premier cas, tandis que ses effets s'étalent sur six ans dans le deuxième cas. Voyons sous forme de tableau ce qui vient d'être dit:

Grand Cycle		Seigneur de l'Année	Evènement
Bénéfique	⇆	Bénéfique	Agréable
Bénéfique	⇆	Maléfique	Difficile
Maléfique	⇆	Bénéfique	Mitigé
Maléfique	⇆	Maléfique	Néfaste

Palais Vedha

Pour les seigneur des cycles, il y a deux palais appelés **vedha** c'est-à-dire palais d'obstruction, qui sont le palais **4** et le palais **7**. Ces deux palais apportent difficultés, ralentissement, retards, complications, blocages, obstructions, etc. Si une divinité se trouve être dans un palais **vedha**, des problèmes et des difficultés sont à envisager dans ce que représente la divinité et donc pour le consultant[16].

Deux exceptions:
1° Les palais **vedha** ne concerne pas **Rahu** et **Ketu**.
2° Si le palais **Vedha** est aussi le palais source de la divinité. Exemple: **Surya** dans le signe du Lion qui se trouve être le palais **4** où le palais **7**, le **Vedha** est annulé.

Voici un exemple d'un palais **Vedha** avec Carlos Ghosn, (*PDG de Renault*). Le 19/11/2018, Carlos Ghosn est arrêté et entendu par la justice japonaise, il est suspecté de dissimulation de revenus dans les publications financières de Nissan. Le mois suivant, il est inculpé pour utilisation des fonds de l'entreprise à des fins personnelles.

Carlos Ghosn

---

[16] Un Vedha n'annule pas nécessairement une action ou un projet, mais va compliquer sa réalisation.

Le seigneur du grand cycle

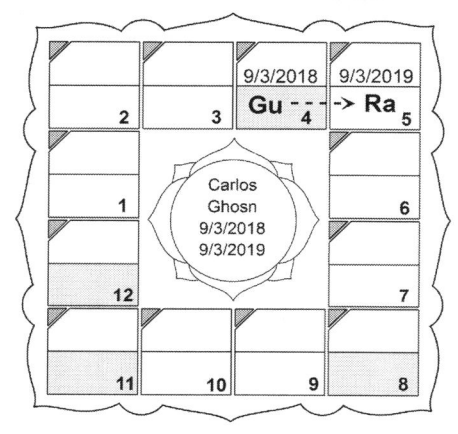

		9/3/2018	9/3/2019
2	3	Gu --4-->	Ra 5
1	Carlos Ghosn 9/3/2018 9/3/2019		6
12			7
11	10	9	8

⇐ Carlos Ghosn né le mardi 9/3/1954. Remarquez ici que le seigneur de l'année **Guru**, bien qu'il ne soit pas maléfique, apporte des difficultés à M. Ghosn. **Guru** se trouve en palais **vedha**. Le seigneur du grand cycle peut adoucir ou non les effets d'un palais d'obstruction. Il active aussi le palais 12 (*emprisonnement*) pour information, le seigneur du grand cycle est **Rahu** (*divinité qui gouverne l'emprisonnement*). Le 24/1/2019 il démissionne de ses fonctions de PDG de Renault. **Guru** active le palais 10. Carlos Ghosn est libéré (*libération sous caution*) le 6/3/2019, et le seigneur de l'année quitte le palais **Vedha**, trois jours plus tard c'est-à-dire le 9/3/2019, le jour de son anniversaire. Vous voyez qu'à 72 heures près les effets se font percevoir, parfois un peu avant ou un peu après, ce n'est que très rarement brusque. Pensez au lever et au coucher du Soleil, tout cela se fait par palier. Souvent, les effets des divinités se "chevauchent". Le changement du seigneur de l'année **Rahu**, (*choses cachées*) passant en palais 5 et le 29/12/2019, et il s'évade, caché dans une malle pour instruments de musique (*flight case*).

Un Kundali différent

Nous avons donc maintenant deux cycles : un cycle annuel, lié à un palais et au seigneur de l'année, et un cycle de 35 ans, nommé grand cycle lié à des périodes plus ou moins longues sous l'influence d'une des 9 divinités. Vous avez appris à calculer le palais 1 de votre Kundali de naissance, ce qui permet de voir automatiquement les influences maléfiques et bénéfiques de certaines Nava-Deva. Dans le livre, "la numérologie des cycles, le seigneur de l'année", vous avez appris ce qu'était un Kundali et à le dessiner. Comme pour le seigneur de l'année, le seigneur du grand cycle prendra place lui aussi sur le Kundali, mais pour bien différencier les deux cycles, nous allons modifier notre façon de le dessiner, nous allons séparer chaque palais en deux horizontalement.

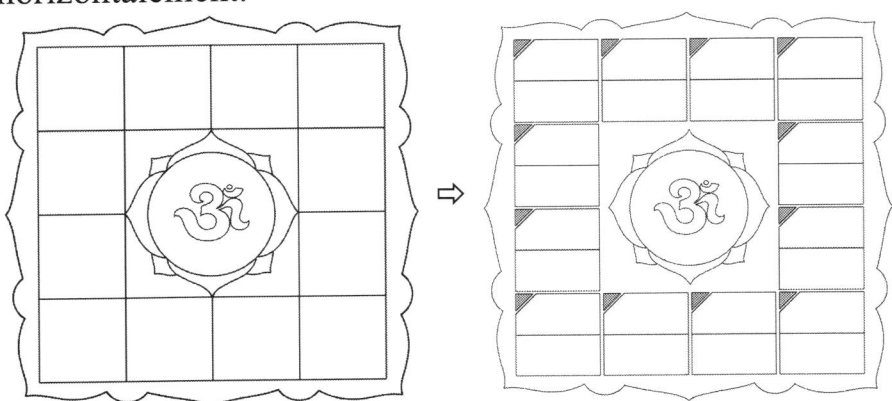

Comme vous le voyez, le palais est divisé en deux parties.

Le seigneur du grand cycle

Celle du haut servira à positionner le seigneur du grand cycle, celle du bas pour le seigneur de l'année. J'ai mis un triangle gris dans la partie où se situe le seigneur du grand cycle pour visualiser rapidement sa position.

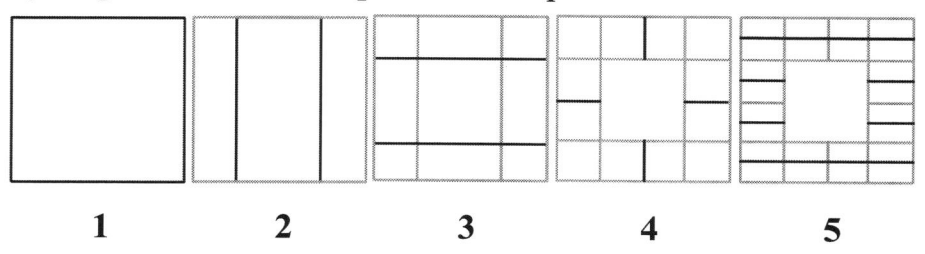

    1   **2**   **3**   **4**   **5**

1. Dessinez un carré,
2. puis deux barres verticales,
3. suivies de deux barres horizontales,
4. enfin les barres intermédiaires afin d'obtenir douze palais.
5. Tirez quatre lignes afin de séparer les palais en deux.

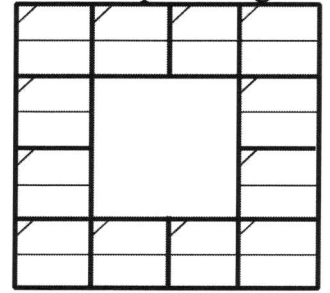

Optionnel, vous pouvez dessiner un trait oblique qui indique la partie du grand cycle. Souvenez-vous simplement que la partie du haut est dédié au seigneur du grand cycle et la partie du bas au seigneur de l'année.

Bien sûr vous avez la fiche témoin toute prête, mais c'est bien de savoir dessiner un Kundali pour un conseil demander à l'improviste, au restaurant, au bureau ou chez des amis. Il faut juste avoir les tableaux dont vous pouvez avoir besoin et que vous pouvez plastifier.

Quelle position pour mon grand cycle ?

La position du grand cycle sur le Kundali est basé sur celui du seigneur de l'année. C'est-à-dire que sa position est étroitement liée à l'âge du consultant. Définir sa position est donc très simple. Il suffit de prendre l'âge du consultant et de regarder le tableau de son grand cycle de naissance.

1	13	25	37	49	61	73
2	14	26	38	50	62	74
3	15	27	39	51	63	75
4	16	28	40	52	64	76
5	17	29	41	53	65	77
6	18	30	42	54	66	78
7	19	31	43	55	67	79
8	20	32	44	56	68	80
9	21	33	45	57	69	81
10	22	34	46	58	70	82
11	23	35	47	59	71	83
12	24	36	48	60	72	84

⇐ Je rappelle ici l'utilisation du tableau des âges. Sur fond gris, le numéro des palais et les colonnes de droite indiquent les âges. Si par exemple j'ai **54** ans, je cherche cet âge, puis en suivant la colonne vers la gauche, je vois que le seigneur de l'année se trouve dans le palais 6.

Ra	01-06	36-41	71-76
Ke	07-09	42-44	77-79
Gu	10-15	45-50	80-85
Su	16-17	51-52	86-87
Ca	18	53	88
Sk	19-21	54-56	89-91
Ku	22-27	57-62	92-97
Bu	28-29	63-64	98-99
Sa	30-35	65-70	100-105

⇐ Imaginons un consultant dont le grand cycle débute avec le seigneur **Rahu**, c'est donc le tableau ci-contre qui le suivra toute sa vie. Supposons qu'il a 54 ans au moment de la consultation, vous voyez que le grand cycle actif est **Shukra**, de 54 ans à 56 ans.

Dessinons son Kundali.

Le seigneur du grand cycle

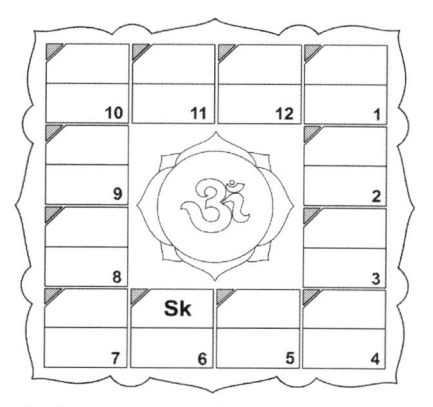

⇐ Imaginons le palais 1 soit le signe du Couple. Vous savez que l'âge de **54** ans est actif dans le palais 6 J'inscris donc dans la partie haute (*triangle gris*) du palais 6, **Shukra**.
Remarque: Apprenez à écrire en abrégé les divinités sur le Kundali, comme il est montré ci-dessous, cela vous permet d'écrire plus vite et plus large.

Nava Deva		Abréger	Nava Deva		Abréger
Surya	⇨	**Su**	**Guru**	⇨	**Gu**
Chandra	⇨	**Ca**	**Shani**	⇨	**Sa**
Budha	⇨	**Bu**	**Rahu**	⇨	**Ra**
Shukra	⇨	**Sk**	**Ketu**	⇨	**Ke**
Kuja	⇨	**Ku**			

ॐ

Personne n'a jamais tout à fait tort. Même une horloge arrêtée donne l'heure juste deux fois par jour.

Proverbe chinois

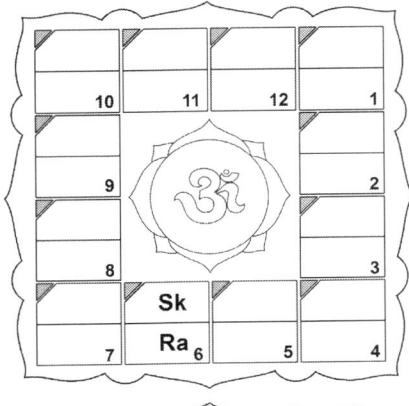

⇦ Je place le seigneur de l'année dans la partie basse du palais.

Vous devez maintenant compter avec deux divinités qui influencent la vie de votre consultant.

Shukra (Sk), **Rahu** (Ra)
⇩

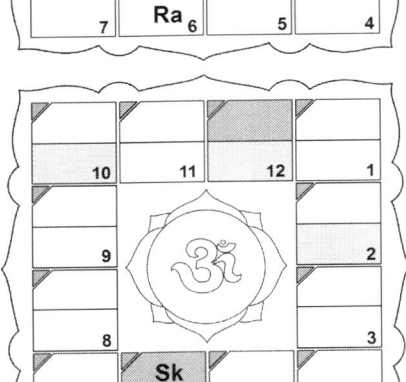

Voici en gris les regards[17] que porte **Shukra**, mais aussi **Rahu**. Avec le seigneur de l'année combiné avec le seigneur du grand cycle et nous avons une compréhension plus grande de ce que vit le consultant. Les parties grises en haut du palais marquent l'influence du seigneur du grand cycle, celle du bas du seigneur de l'année. Nous voyons maintenant sur cet exemple, qu'il y a une double influence sur les palais 6 et 12, qui sont des palais maléfiques, mais aussi, que **Shukra** influence **Rahu** et **Rahu** influence **Shukra**. L'influence ne se fait plus uniquement sur les palais, c'est ce que nous allons découvrir maintenant.

---

[17] Pour les regards des divinités, se reporté au livre le seigneur de l'année.

Le regard d'une divinité à l'autre

Les regards et les regards particuliers ont été étudiés dans le livre "le seigneur de l'année", je n'y reviendrai donc pas.
Voyons à présent le regard d'une divinité, qui non seulement influence les palais, mais aussi une autre divinité se trouvant dans son champ d'action. Le principe est le même, si c'est une divinité maléfique elle va abîmer ce que représente l'autre divinité, si c'est une divinité bénéfique elle va atténuer le côté néfaste d'une divinité maléfique, et "boostez" une divinité bénéfique, c'est-à-dire la rendre encore plus bénéfique. Prenons une divinité gouvernant le palais 6, elle est donc maléfique. Imaginons que cette divinité regarde **Shukra** qui est le karaka de l'amour et des relations, alors les relations seront tendues avec le compagnon ou l'ami et cela même si cette divinité ne regarde pas le palais 7 qui comme vous le savez gouverne le conjoint. Je vous rappelle que le grand cycle dévoile certaines situations, évolutions ou relations qui ne peuvent être dévoilées qu'avec le seigneur de l'année. Le grand cycle est comme la toile de fond qui imprègne plus profondément la vie du consultant. Le grand cycle de **Shukra** dure trois ans, alors pendant ces trois années,ce que représente **Shukra** sera mis en lumière, mais malmené ou ménager par le seigneur de l'année. C'est également sa signification première (*sa nature originelle*) c'est-à-dire

pour **Shukra**, l'amour et les relations. Maintenant, vous savez qu'une divinité agit sur une autre divinité par le regard qu'elle peut avoir sur elle. L'interaction se fait donc sur le palais qu'elle occupe et sur la divinité qui la regarde.

Lady Di

Souvenez-vous de Lady Di et de son mariage célébré le 29/7/1981 à l'âge de 20 ans. Nous avons vu que **Ketu**, le seigneur de l'année a fait pas mal de dégât, mais quelle était la divinité du grand cycle à cette époque ? Regardons sur le tableau du grand cycle à l'âge de 20 ans et nous voyons que la divinité qui présidait était **Shukra**, le karaka des relations sentimentales. **Shukra** d'ailleurs exerçait son influence depuis un an déjà. Maintenant, observons son Kundali de naissance, pour connaître les palais gouvernés par la divinité.

Ra	01-06	36-41	71-76
Ke	07-09	42-44	77-79
Gu	10-15	45-50	80-85
Su	16-17	51-52	86-87
Ca	18	53	88
Sk	19-21	54-56	89-91
Ku	22-27	57-62	92-97
Bu	28-29	63-64	98-99
Sa	30-35	65-70	100-105

ॐ

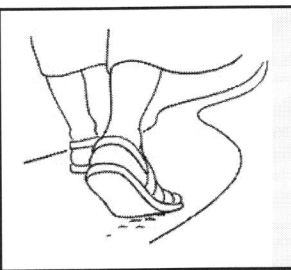

"Les richesses ressemblent à la poussière qui s'attache aux pieds."
Proverbe sanskrit

Le seigneur du grand cycle

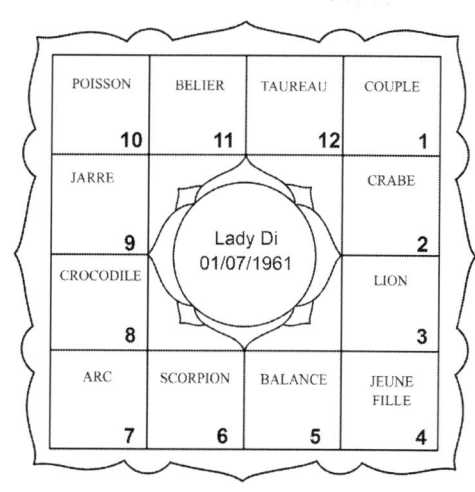

POISSON 10	BELIER 11	TAUREAU 12	COUPLE 1
JARRE 9	Lady Di 01/07/1961		CRABE 2
CROCODILE 8			LION 3
ARC 7	SCORPION 6	BALANCE 5	JEUNE FILLE 4

Comme vous le savez, **Shukra** gouverne le Taureau et la Balance soit le palais 12 (*perte*) et le palais 5 (*enfant, romance*). Les amours seront difficiles, mais elle aime être amoureuse et à besoin d'affection. **Shukra** est donc les deux faces de l'amour, sa perte et son espoir. Ce besoin sera plus intense pendant la durée du grand cycle, soit trois ans. Au sens spirituel, le palais 12 dévoile le don de soi et de servir les autres, la charité, le sacrifice et le détachement. (*L'amour de l'autre en amour des autres*).

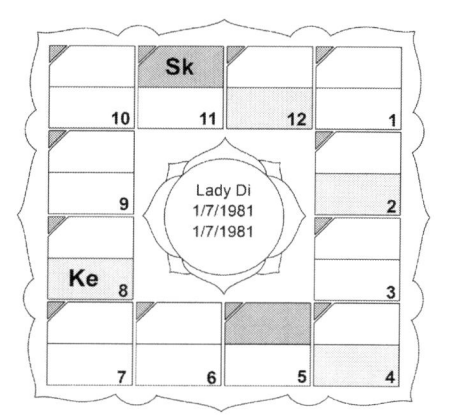

	Sk		
10	11	12	1
9	Lady Di 1/7/1981 1/7/1981		2
Ke 8			3
7	6	5	4

Mariage le 29/7/1981 ⇧
Le mariage.

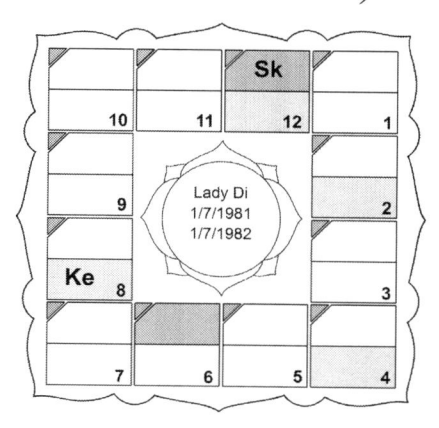

		Sk	
10	11	12	1
9	Lady Di 1/7/1981 1/7/1982		2
Ke 8			3
7	6	5	4

Progression[18] au 01/10/1981

La divinité **Shukra** du palais 5 lui donne ce romantisme, se trouvant en palais 11, cela fut (*pour un temps*) un désir, mais **Shukra** qui gouverne aussi le palais 12 donne cette instabilité et ses amours qui la quittent volontairement ou non. Ce sera récurrent durant toute sa vie, lisez une biographie d'elle et vous comprendrez. Vous voyez la différence avec le seigneur de l'année qui lui se met en avant sur le plan plus immédiat sur une année tandis que le grand cycle vous impact sur plusieurs années.

Aux alentours d'octobre 1981, les choses se gâtent.

Shukra est regardé par le seigneur **Ketu**. **Shukra** se trouve dans son palais ce qui la renforce, mais abîmé par **Ketu**, on pense que la relation fut rapidement tendue entre son mari et elle. Le palais 12 lui donne envie d'amour secret, c'est aussi le palais des fantasmes. (*Les liaisons secrètes, ce qui est dissimulé relève du palais 12*).

Lorsque vous faites une numérologie des cycles, comprenez bien que le grand cycle décrit en profondeur le comportement, les répétitions des erreurs, ou bien les facilités et l'optimisme du consultant, le seigneur de l'année est plus visible dans l'évènement. Pour Diana Spencer, souvenez-vous qu'à cette période, **Ketu** lui donna des angoisses, une tentative de suicide, un mal être dont on pense ne pas s'en sortir. Le seigneur du grand cycle peut montrer l'origine de ce que réalise le seigneur de l'année.

Pour Lady Di "Son besoin d'aimer et d'être aimé !".

---

[18] Le concept de progression sera étudié ultérieurement.

Supportant difficilement les contraintes d'une vie de cour et après la naissance de son fils aîné la princesse de Galles fit une **dépression**, fut atteinte de **boulimie** et tenta plusieurs fois de se **suicider**. Dans une entrevue (*publiée après sa mort*), elle déclare que, pendant sa première grossesse, elle s'était jetée dans un escalier et avait été découverte par la Reine. Le seigneur **Ketu** fait son oeuvre sur **Shukra**, qui gouverne le plaisir de manger (*sans oublier les sucreries*) mais regardé par **Ketu** qui lui n'apporte que les joies spirituels, va susciter d'un point de vue du consultant des difficultés, des angoisses, des phobies. **Shukra** montre comment elle va le manifester comme la nourriture (*boulimie ou anorexie*) et le sexe (*multiple partenaire, déviation, etc..*)
N'oubliez pas également les palais concernés:
le palais 12 (*solitude, évasion mental, fantasme*)
le palais 2 (*la nourriture, la mort*), etc.

ॐ

"*De même que les oiseaux trouvent leur nourriture dans l'air, les bêtes sauvages sur la terre, et les poissons dans l'eau, de même on est riche dans quelque condition que l'on soit.*"

Proverbe sanskrit

Le 31 août 1997, Diana meurt à la suite d'un accident de voiture à Paris. Voici son Kundali à cette funeste époque.

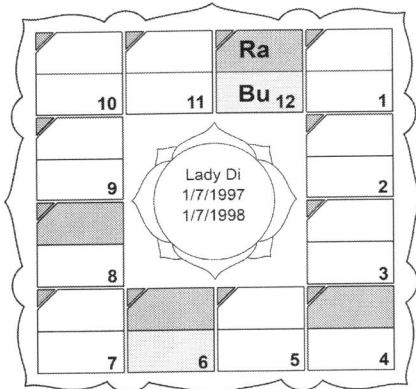

Nous l'avons étudié en détail dans le livre *"le seigneur de l'année"*, voyons maintenant cet évènement sous l'angle du grand cycle. À cette époque, elle a 36 ans et un rapide coup d'oeil nous montre que c'est le seigneur **Rahu** qui gouverne cette période. **Budha** (*Lady Di*) est regardé par **Rahu**, celui-ci va accentuer sa paranoïa sur **Budha** et lui donner un sentiment d'insécurité (*il gouverne le palais 4, le mental*), ses déplacements seront altérés et les peurs, les phobies et le sentiment de persécution vont s'accroître. Les regards sur les divinité vous donne également un aperçu rapide des conflits intérieurs du consultant.

Rahu, comme vous le savez, est maléfique et active également le palais 12 (*hospitalisation, exil*) le palais 4 (*tension mentale*), à cause sans doute des paparazzis qui cherchaient à la photographier, le palais 6 (*les blessures*) et le palais 8 (*les dangers*).

Bien sûr, le seigneur **Budha** qui se trouve en palais 12 est abîmé, mais relisez la description de cet évènement dans le livre *"le seigneur de l'année"*.

À cet âge, elle active et pour 6 ans le seigneur **Rahu** du 1/3/1997 au 1/7/2003. **Rahu** est dangereux, car c'est une divinité maléfique, mais peut amener des satisfactions matérielles, car son but est de vous maintenir dans la Maya (*illusions*). **Rahu** fait que l'on soit attiré par la marginalité, il faut bien sûr moduler. Sachez aussi que le seigneur **Rahu** apporte toujours des évènements ou des situations qui semblent cachées ou secrètes ou difficilement identifiables.

Souvenez-vous de la petite description au niveau psychologique:

> **Rahu** un sentiment de trahison, d'abandon, de dissimulation, d'obligation, de surtention, d'acharnement, d'obstination, de manipulation.

Le palais 12 gouverne aussi les choses et les ennemis cachés et il est doublement activé à cette époque et par le seigneur de l'année et par le seigneur de son grand cycle.

"Un soldat, dont l'identité n'a pas été révélée, aurait menacé son épouse de mort en lui affirmant que son unité avait organisé l'assassinat de Diana Spencer. En décembre

2013, les enquêteurs de Scotland Yard annoncent n'avoir trouvé « aucune preuve crédible » de l'implication de troupes d'élite de l'armée britannique dans la mort de la princesse" (Source Wikipédia)

Que cela soit vrai ou faux, **Rahu** donne et entretien ce genre de rumeur, d'entre deux. Le seigneur **Rahu** garde bien ses secrets, car avec lui et avec **Ketu** sur un autre plan, tout est voilé, flous, nébuleux, indéchiffrables.

Pour une maladie, elle sera difficilement percevable, car le seigneur **Rahu** est l'ombre d'une situation, la partie non éclairée de l'être ou de l'histoire.

"L'humanité est changeante et mobile comme une goutte d'eau."
Proverbe sanskrit

La révolution Française de 1789

Marie Antoinette - Louis XVI

Le 14 juillet 1789, le peuple de Paris se soulève et prend la bastille. Cet évènement marque la fin d'un règne, celui de Louis XVI et de son épouse la reine Marie Antoinette.

Le seigneur du grand cycle

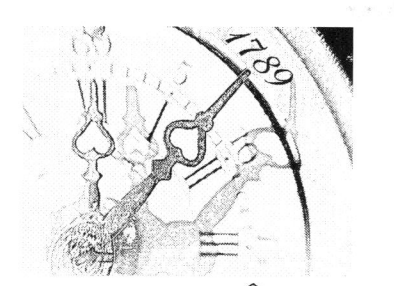

Remontons le temps et voyons le Kundali de la reine de France à cette époque troublée.

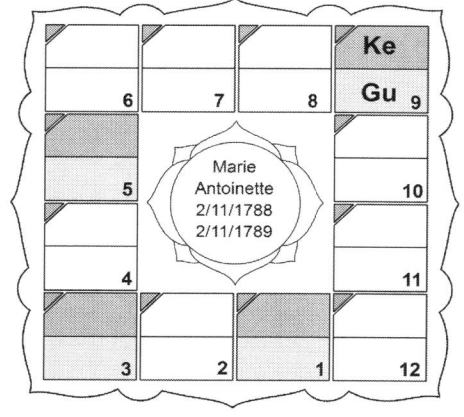

Gu	01-06	36-41	71-76
Su	07-08	42-43	77-78
Ca	09	44	79
Sk	10-12	45-47	80-82
Ku	13-18	48-53	83-88
Bu	19-20	54-55	89-90
Sa	21-26	56-61	91-96
Ra	27-32	62-67	97-102
Ke	33-35	68-70	103-105

Marie Antoinette
2/11/1788
2/11/1789

Nous voilà en ce 14 juillet 1789, Marie-Antoinette à 33 ans. Dans son tableau du grand cycle à cet âge, débute le seigneur **Ketu** qui dure 3 ans. Ce qui est intéressant c'est que les regards de **Ketu** sont identiques à ceux du seigneur **Guru** donc les palais sont doublement affligé. Pourquoi ? Parce que **Ketu** est une divinité maléfique et que **Guru** gouvernant un palais maléfique (*palais 6*) et instable (*palais 3*) devient une divinité maléfique. L'année s'annonce très difficile.

Les divinités affectent le palais 9 (*la chance, le destin, sa conception de la vie, ses croyances*) on ne maitrise plus rien. Le Palais 1 (*sa personnalité, le physique*).

Le palais 3 (*communication, déplacement, dispute*).
Le palais 5 (*Initiatives personnelles, enfant*).
Le 4/6/1789, à l'âge de 7 ans son fils, le petit dauphin meurt. Vous voyez qu'à cette période de la reine, les évènements difficiles se succèdent, car les deux divinités activent et abîment les mêmes palais. Ce grand cycle qui débute avec **Ketu** montre que pendant trois ans les évènements seront difficiles (*Le cycle de Ketu dure trois ans*). Avançons un peu dans le temps à la date du 16/10/1793, où elle est exécutée à l'âge de 37 ans. La période est intéressante, car cette fois-ci les divinités sont inversées. C'est maintenant **Guru** qui est le seigneur du grand cycle, et vous le savez est maléfique occasionnel pour la reine. Le seigneur **Guru** se trouve en palais source et **Ketu** son seigneur de l'année gouverne la période de son exécution. **Guru** est une divinité bénéfique naturelle, mais vous savez qu'elle gouverne un palais dangereux, le palais 6 et le palais 3, un palais qui soutient la dispute et l'instabilité. Le seigneur **Guru** devient maléfique, mais de par sa nature bénéfique, la divinité fera qu'elle soutiendra Marie-Antoinette en retrouvant la foi religieuse (*Guru gouverne la foi et la religion*) et lui permet de faire face en retrouvant une ferveur spirituelle. Nous retrouvons la même

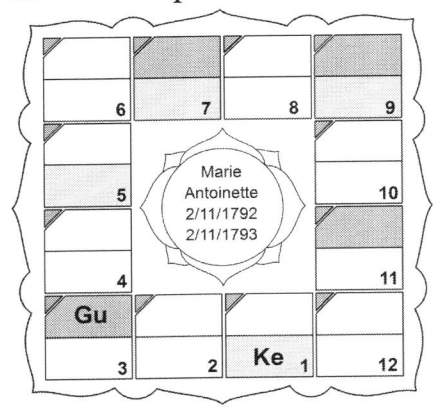

configuration que pour la révolution de 1789, cependant les divinités ont inversé leurs rôles. Le grand cycle de Marie-Antoinette couvre pratiquement toute la période révolutionnaire, **Guru** débute le 2/11/1791 et se termine le 2/11/1797[19]. Nous voyons bien que le grand cycle est la toile de fond de la révolution, du moins comment les évènements interagissent avec elle et que le seigneur de l'année, concentre les évènements sur une période d'un an. Retenez bien que le seigneur de l'année interfère le grand cycle du consultant, mais ne l'éclipse pas. Si le grand cycle est gouverné par une divinité maléfique, les difficultés seront récurrentes pendant ce laps de temps, mais le seigneur de l'année peut apporter un bol d'air à cette période difficile ou bien au contraire renforcer ces difficultés. Souvenez-vous du tableau.

Grand Cycle		Seigneur de l'Année	Evènement
Bénéfique	⇆	Bénéfique	Agréable
Bénéfique	⇆	Maléfique	Difficile
Maléfique	⇆	Bénéfique	Mitigé
Maléfique	⇆	Maléfique	Néfaste

Lorsque deux divinités maléfiques officient, l'année est difficile surtout s'ils abîment les mêmes palais, bien sûr cela

---

[19] La révolution est considérée comme terminée le 9/11/1799. À cette date Napoléon Bonaparte renverse le Directoire et établit un nouveau régime dans lequel il exerce un pouvoir dictatorial : le Consulat.

vaut pour deux divinités bénéfiques, elles valorisent ce qu'elles touchent. Pour la reine de France, deux divinités maléfiques donnent des évènements néfastes, c'est bien ce qui est arrivé, cependant il faut savoir modulé, car ici le seigneur de l'année est **Ketu** qui est très maléfique et surtout se trouve dans le palais 1 tandis que le seigneur du grand cycle **Guru**, lors de l'exécution de Marie-Antoinette se trouvait en palais source et donc très puissant. La situation aurait pu être un peu adoucie si les divinités étaient placées dans des palais bénéfiques (*palais 5,9*).

Tout n'est pas blanc ou noir, sachez interpréter avec intuition, connaissance et sagesse. Souvenez-vous, pour bien comprendre la différence entre ces deux cycles, c'est comme regarder un tableau. L'ensemble de la toile est le grand cycle qui donne l'impression d'aimer et d'apprécier ou non l'œuvre, tandis que le seigneur de l'année fera les détails du tableau.

Lorsque vous ferez beaucoup de numérologie des cycles, vous saisirez mieux le concept, alors lancez-vous !

Le seigneur du grand cycle

Ce tableau[20] illustre bien la différence entre ces deux cycles. Pendant la durée du seigneur du grand cycle, c'est l'impression générale que je vis dans une période plus ou moins longue (*la scène du tableau*) ici, on pourrait parler par exemple d'amour, de relation amicale, de la vie maritale, ou d'une convalescence, tandis qu'un évènement particulier sera focalisé par le seigneur de l'année (*le détail du tableau dans le cercle*), comme une rencontre, un mariage, un divorce, ou un héritage. Comprenez bien ce concept, mais ne restez pas figé par cette structure, car un grand cycle par exemple peut donner un mariage.

---

[20] *Peinture de Edouard Manet, Dans la serre (1879).*

Le voyage du grand cycle

Il est temps maintenant d'éclairer le lecteur sur le quatrième critère.

4°) Selon les palais qu'elle influence en fonction de l'âge du consultant.

Vous avez vu jusqu'à maintenant que le placement du seigneur du grand cycle est simple en vous servant des tableaux. Il suffit d'avoir l'âge du consultant et vous placez la divinité au bon endroit. Vous savez aussi que le grand cycle, à une durée inégale, d'un an pour la plus courte, gouverné par **Chandra** à six ans pour la plus longue.

Vous devez savoir que pendant ce laps de temps, le grand cycle se déplace dans chacun des douze palais en fonction de sa durée. Le seigneur **Guru** par exemple dont le cycle est de six ans mettra ce temps pour traverser les 12 palais du Kundali et il séjournera dans une proportion égale dans chaque palais. Le calcul de temps pour chaque palais est très simple. Prenons le seigneur **Shani** qui à une durée de six ans, il doit donc visiter en six ans la totalité des 12 palais. Nous devons donc diviser ce temps par le nombre de palais ce qui donnera sa durée de séjour pour chacun des palais. Pour cela nous convertissons les années en mois, exemple: **Shani** à une durée de 6 ans ce qui fait **6** ans X **12** mois = **72** mois.

Le seigneur du grand cycle

Ces **72** mois nous les divisons par le nombre de palais 72/12= **6** mois. Résultat, les divinités qui ont une durée de cycle de 6 ans vont séjourner six mois, dans chacun des 12 palais du Kundali. Au terme de ce voyage de six ans, une nouvelle divinité prendra place.

Voyons tout cela sous forme de tableau.

Divinités dans leurs ordres G.C	Durée en année	Durée en mois par palais
Shani	6 ans ⇨	6 mois
Rahu	6 ans ⇨	6 mois
Ketu	3 ans ⇨	3 mois
Guru	6 ans ⇨	6 mois
Surya	2 ans ⇨	2 mois
Chandra	1 an ⇨	1 mois
Shukra	3 ans ⇨	3 mois
Kuja	6 ans ⇨	6 mois
Budha	2 ans ⇨	2 mois

Vous remarquez que pour calculer plus facilement le temps passé dans chaque palais vous pouvez convertir mentalement les années en mois. **6** ans = **6** mois, **2** ans = **2** mois, etc.

Cela est très intéressant, car le grand cycle est dynamique, il affecte bien entendu par ce qu'il représente, mais à certain moment il se déplace et active d'autres secteurs de notre vie, et c'est pourquoi il peut se présenter des évènements dans l'année qui ne peut être dévoilée qu'avec le seigneur du grand cycle. Si je suis né le 1er janvier et que **Shani** gouverne mon grand cycle qui dure six ans, alors je sais que le 1er juillet (*six mois plus tard*) **Shani** influencera d'autres secteurs de ma vie puis le 1er janvier de l'année suivante, encore d'autres secteurs de ma vie et ainsi de suite pendant les six années du grand cycle. Pour la divinité **Chandra**, c'est très simple, chaque mois elle change de palais, ce qui fait d'ailleurs des cycles en dent de scie ou l'on maitrise difficilement les évènements qui s'enchaine. Vous devez bien assimiler ce concept facile à comprendre.

Je me devais de créer un tableau qui soit facile pour placer rapidement le seigneur du grand cycle sans erreur. Si votre consultant débute un grand cycle cela est simple pour le positionner, avec le tableau des âges, mais s'il est en plein milieu d'un cycle, faire des calculs de mois de date, etc. et vous perdez le fil qui vous relie à votre consultant.

Voici page suivante le tableau que j'ai nommé *"Tableau des progressions"*[21]

ॐ

"Pour un sage, il y a mille mystères, pour l'idiot et l'ignorant tout est clair."
Proverbe hindou

---

[21] Tous les tableaux se trouvent en fin du livre.

P⇨											
	1	2	3	4	5	6	7	8	9	10	11
	2	4	6	8	10		2	4	6	8	10
	3	6	9		3	6	9		3	6	9
	6		6		6		6		6		6
Dte⇨											

La première colonne de gauche est l'emplacement des divinités. Au-dessus P⇨ qui signifie Palais. Les colonnes en grisé représentent la durée en mois, par exemple en fond gris, 6 est égal à 6 mois, 10 est égal à 10 mois, etc.
On indiquera dans les cases blanches de la ligne du haut P⇨, uniquement les numéros des palais, les autres cases blanches sous les lignes noires, les âges du consultant. Sur la ligne **Dte**, vous inscrirez les dates correspondantes.
Ce tableau des progressions est inclus dans la fiche témoin.
Voyons un cas concret.

"Lorsque vous quitterez ce monde, faites que grâce à vous, il soit plus beau, plus conscient, plus amour que lorsque vous êtes arrivés..."
Osho

La numérologie des cycles

Ca	01	36	71
Sk	02-04	37-39	72-74
Ku	05-10	40-45	75-80
Bu	11-12	46-47	81-82
Sa	13-18	48-53	83-88
Ra	19-24	54-59	89-94
Ke	25-27	60-62	95-97
Gu	28-33	63-68	98-103
Su	34-35	69-70	104-105

Prenons comme exemple Marilyn Monroe née le 1/6/1926. Vous calculez son grand cycle et il commence avec **Chandra**. Le tableau ci-contre représente ses grands cycles. Elle se maria à l'âge de 16 ans. Nous allons placer le grand cycle de cet âge. Premièrement, cherchez quelle divinité est active à cet âge. C'est **Shani** qui gouverne de 13 ans à 18 ans. à présent, il n'y a plus qu'à remplir le tableau des progressions. Placer la divinité sur la ligne correspondante à sa durée. Ici **Shani** dure six ans, alors placé la divinité sur la ligne commençant par un **6**. Si **Budha** est la divinité alors, inscrivez **Budha** sur la ligne commençant par un **2**, car son cycle dure deux ans. Les quatre durées possibles sont, je le rappelle 1,2,3,6.
Vous retrouvez sur la fiche témoin, ce petit tableau, indiquant la durée de chaque divinité.. Inscrivez "**Sa**" à la ligne 6
Voila le tableau des progressions rempli ⇩

1	2	3	6
Ca	Su	Sk	Gu
	Bu	Ke	Ra
			Sa
			Ku

P.	1	2	3	4	5	6	7	8	9	10	11	12
		1	2	3	4	5	6	7	8	9	10	11
		2	4	6	8	10		2	4	6	8	10
		3	6	9		3	6	9		3	6	9
Sa ⇔		6				6				6		6
Dte →												

Le seigneur du grand cycle

Shani (*en abrégé*) est correctement placé sur la ligne commençant à sa durée dans le temps. Inscrivez dans la première case du haut à gauche quel palais est actif non pas à l'âge du consultant, mais au <u>commencement</u> de son grand cycle[22]. Ayant rempli les cases blanches du haut, le reste est tout aussi simple. Comme vous savez que c'est **Shani** qui gouverne l'âge recherché, vous inscrivez maintenant dans la première case blanche à droite de **Shani** l'âge du début de ce cycle. Le seigneur **Shani** est actif de 13 à 18 ans inclus, alors inscrivez les âges suivant: 13...14...15...16...17...18, puis tout en bas, (**Dte**) les dates correspondantes à ces âges.

P	1	2	3	4	5	6	7	8	9	10	11	12
		1	2	3	4	5	6	7	8	9	10	11
		2	4	6	8	10		2	4	6	8	10
		3	6	9		3	6	9		3	6	9
Sa	13	6	14	6	15	6	16	6	17	6	18	6
Dte	1/6/39	1/12/39	1/6/40	1/12/40	1/6/41	1/12/41	1/6/42	1/12/42	1/6/43	1/12/43	1/6/44	1/12/44

La lecture de ce tableau est maintenant très simple, Le grand cycle de Marilyn Monroe lorsqu'elle avait 16 ans, était **Shani** en palais 7, (*mariage, époux*) soit du 1/6/1942 au 1/12/1942. Elle se maria à 16 ans le 19/6/1942. **Shani** est le seigneur des palais 9 et 10, dans le Kundali de Marylin Monroe, cette période de six ans sera mise essentiellement sur le travail, le père, la chance, la spiritualité, sa vision du monde, les études, les voyages, car toutes ses matières

---

[22] En vous aidant du tableau des âges, 13 ans commencent en palais 1.

concernent le palais 9 et 10. Un an plus tard, après qu'elle abandonne ses études, elle travaille à l'ignifugation des ailes d'avions et à l'inspection des parachutes dans l'usine de son mari. Elle est repérée par des photographes militaires. Sa première photo quasi professionnelle est prise à l'automne 1944 (*18 ans*) dans le cadre d'une campagne de l'armée américaine pour illustrer l'implication des femmes dans l'effort de guerre. En quelques mois, elle fait la couverture d'une trentaine de magazines de pin-up.

Grand Cycle	Palais	Date	Âge	
Shani	1	1/6/1939	**13** ans	
Shani	2	1/12/1939	13 ans ½	
Shani	3	1/6/1940	**14** ans	
Shani	4	1/12/1940	14 ans ½	
Shani	5	1/6/1941	**15** ans	
Shani	6	1/12/1942	15 ans ½	
Shani	7	1/6/1942	**16** ans	Mariage
Shani	8	1/12/1942	16 ans ½	
Shani	9	1/1/1943	**17** ans	Travail
Shani	10	1/12/1943	17 ans ½	Travail
Shani	11	1/6/1944	**18** ans	Photo pro
Shani	12	01/12/1944	18 ans ½	

Lors des prises de photos, le seigneur de l'année est **Shukra** sa féminité attire l'attention et fait la une ! **Shukra** gouverne le palais 1 traduisez je me mets en lumière. Nous voyons ici ce qui a été dit, le seigneur du grand cycle est **Shani** le Karaka du travail et de la détermination, il gouverne le palais 10, le travail, c'est la toile de fond pendant six ans. Le seigneur de l'année montre comment cela se manifeste, ou bien la tournure que prennent les évènements. Ici, c'est **Shukra**, Karaka de l'art, du charme et de la beauté s'exprimant dans l'activité professionnelle par la photographie de sa féminité, la une des magasines, photos de charmes, etc. Remarquez que sur le tableau précédent, l'activité professionnelle prend un élan lorsque **Shani** traverse son palais source (*palais 9*).

Le grand cycle donne le "fond" de ce que doit vivre le consultant, comme quelque chose de récurant. Pour l'exemple de Marilyn Monroe, ce seigneur du palais 9 et 10 accentue la période centrée sur le travail et l'émancipation. Prenez-le comme la couleur générale ou dominante d'un tableau. Le seigneur de son grand cycle donne la "couleur" de la période, le temps de sa régence.

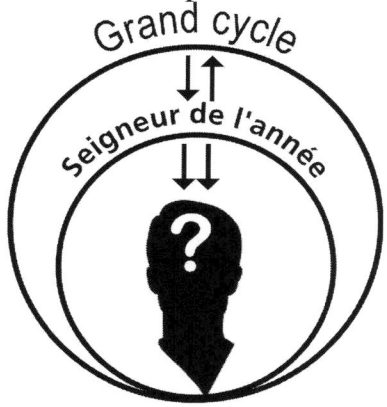

Pour l'interprétation :
1°) Quel palais gouverne le seigneur du grand cycle ?
2°) Sa nature (*Maléfique, bénéfique, instable/changeante*).
3°) Quel palais influence-t-il lors de sa progression ?
4°) Dans quel palais se trouve-t-il (*Vedha, source, etc.*) ?
5°) Ses Karaka naturels (**Shukra** *gouverne l'amour*).
6°) Ses Karaka occasionnels (**Shani** *gouverne le palais 10 relié au travail*).

Exercice

Calculez vos deux cycles actuels, soit le grand cycle et le seigneur de l'année, puis dessinez votre Kundali et placez les divinités qui agissent dans votre vie. Que vivez-vous actuellement ?
Quel sentiment éprouvez-vous ?
Est-ce que vous entendez les Nava-Deva vous révéler certaines situations ?

Faite de même pour un ami, une collègue de travail un membre de la famille, expérimentez.

"*N'acceptez pas mes enseignements par simple respect pour moi. Analysez-les comme l'orfèvre analyse l'or en le frottant, le découpant et le fondant.*"
Bouddha

Le seigneur du grand cycle

Continuons avec Marilyn Monroe, née le mardi 1/6/1926.

Elle divorce le 2/10/1946 (*20 ans*) et son premier contrat de travail est signé le 26/7/1946. Observons son grand cycle à cette période et le tableau des progressions remplies avec tous ces éléments.

Ca	01	36	71
Sk	02-04	37-39	72-74
Ku	05-10	40-45	75-80
Bu	11-12	46-47	81-82
Sa	13-18	48-53	83-88
Ra	(19-24)	54-59	89-94
Ke	25-27	60-62	95-97
Gu	28-33	63-68	98-103
Su	34-35	69-70	104-105

1	13	25	37	49	61	73
2	14	26	38	**50**	62	74
3	15	27	39	51	63	75
4	16	28	**40**	52	64	76
5	17	29	41	53	65	77
6	18	**30**	42	54	66	78
7	(19)	31	43	55	67	79
8	**20**	32	44	56	68	**80**
9	21	33	45	57	69	81
10	22	34	46	58	**70**	82
11	23	35	47	59	71	83
12	24	36	48	**60**	72	84

Nous voyons qu'à l'âge de 19 ans jusqu'à 24 ans inclus, **Rahu** gouverne sa destinée. Le 1/6/1945 à l'âge de 19 ans correspond au palais 7.

Je remplis le tableau des progressions en commençant par le palais 7. ⇩

P.	7	8	9	10	11	12	1	2	3	4	5	6
		1	2	3	4	5	6	7	8	9	10	11
		2	4	6	8	10		2	4	6	8	10
		3	6	9		3	6	9		3	6	9
Ra	19	6	20	6	21	6	22	6	23	6	24	6
Dte →	1/6/45	1/12/45	1/6/46	1/12/46	1/6/47	1/12/47	1/6/48	1/12/48	1/6/49	1/12/49	1/6/50	1/12/50

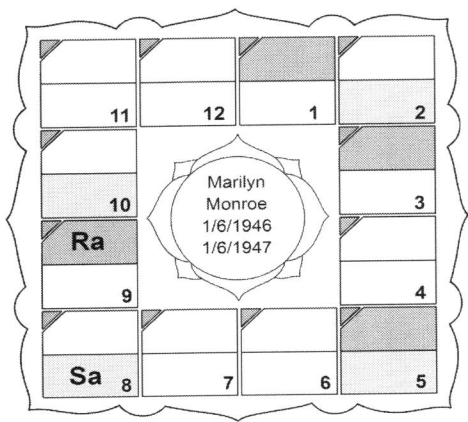

Nous voyons que **Rahu**, maléfique naturel, séjourne dans le palais 9 pendant six mois.

Palais 9 (*voyage, étude*)
Palais 1 (*émancipation, matérialité*)
Palais 5 (*Sentiment, enfant*)

Rahu peut donner du bon pour le matériel et le professionnel, mais accompagné de tension et de pression, il est matérialiste et vous entraîne dans des illusions. On a du mal à voir la réalité des choses.

Le palais 9 est aussi considéré comme la vision qu'a le consultant du monde. Agissant sur le palais 1, **Rahu** lui donne de l'émancipation, c'est à cette époque qu'elle change de Norma en Marilyn Monroe.

Rahu regarde le palais 5, elle cherche d'autre horizon ou aventure sentimentale, expérience sensorielle ou peut-être une fausse couche.

Observons cette époque, en mars et en mai 1947, **Rahu** passe en palais 10 (*travail*), de la il active le palais 2 l'argent du consultant. **Rahu** et **Shani** active tous les deux le palais 10. Pour **Shani** c'est son palais source.

Le seigneur du grand cycle

Premiers coups de manivelles, en mars et en mai 1947, de Bagarre pour une blonde et Dangerous year.

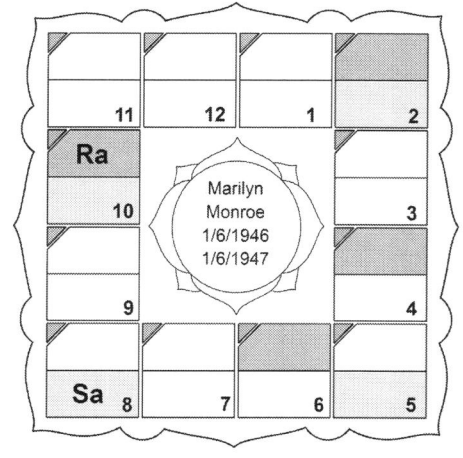

Nous voyons ici que dans la même année le seigneur du grand cycle s'étant déplacé, active d'autres secteurs de vie. Palais 10 (*le travail*) doublement activé. Palais 6 (*ennemis, trouble, blessure*). Le palais 5 cette fois-ci est activé seulement par le seigneur du palais 9 et 10.

La carrière passe au premier plan des sentiments. **Rahu** active le palais 4, des tensions, des colères au sein du travail et des disputes avec la mère (*le palais 4 gouverne le mental, la mère*).

L'on peut faire des achats des dépenses et se nourrir mal (*le palais 2 gouverne l'argent du consultant, la nourriture*).

Des problèmes de santé et des ennuis (*palais 6*).

Souvenez-vous que le seigneur **Rahu** est bon pour l'ambition, ce qui n'est pas mauvais d'en avoir raisonnablement, mais aussi pousse à l'accroître et à la domination, ce qui engendrera des tensions. Il vous attache à vos illusions et vous les retire insidieusement, créant de nouvelles envies, de nouvelles dépendances. Gardez la tête froide et que toute chose en ce monde n'est que temporelle, ayez toujours cela en tête.

L'illusion de notre personnalité est notre réalité tangible.

La Comtesse de la Motte

Voyons maintenant un cas étudier dans le livre le seigneur de l'année, c'est l'affaire du collier de la reine. Nous allons nous intéresser à la Comtesse de la Motte, et découvrir que deux divinités identiques gouvernent à un certain moment de sa vie. Elle est née le jeudi 22/7/1756. Remplissons le tableau des progressions, qui couvre toute cette affaire. Le 22/7/1784 à l'âge de 28 ans correspond à **Kuja**, palais 4. ⇩

P→	4	5	6	7	8	9	10	11	12	1	2	3
		1	2	3	4	5	6	7	8	9	10	11
			2	4	6	8	10		2	4	6	8	10
				3	6	9		3	6	9		3	6	9
Ku	28	6	29	6	30	6	31	6	32	6	3	6
Dte→	22/7/84	22/1/85	22/7/85	22/1/86	22/7/86	22/1/87	22/7/87	22/1/88	22/7/88	22/1/89	22/7/89	22/1/90

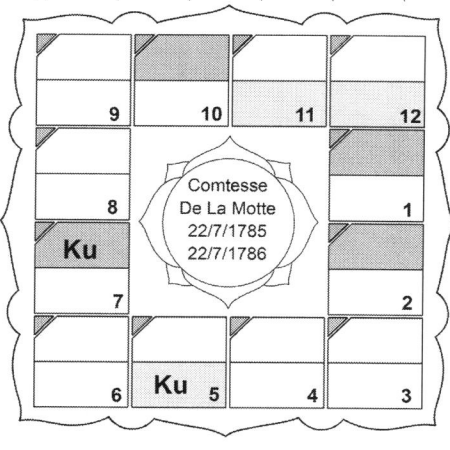

⇐ Elle est condamnée le 31/5/1786. Le 22/6/1786, six bourreaux se sont emparés de cette infortunée ; elle se défend, se débat, se glisse longtemps hors de leurs bras robustes. Enfin le principal exécuteur la saisit, et imprime les stigmates[23] de la justice sur ces cuisses.

Un second bourreau malgré les soubresauts convulsifs de la condamnée, parvient à la marquer sur les épaules. À travers les hurlements de madame de La Motte, on entendit distinctement ces mots :
" C'est ma faute si j'éprouve cette ignominie, je n'avais qu'à dire un mot et j'étais pendue..."

Le seigneur du grand cycle reste sur le palais 7 du 22/1/1786 au 22/7/1786 Il regarde pendant six mois le palais 1 (*violence sur le corps*). Les effets de **Kuja** + **Kuja** sont bien visibles ici. Le seigneur de l'année est en palais source ce qui le rend puissant, il active le palais 8 (*danger*) et le palais 12 (*emprisonnement*). Remarquez que le **Kuja** du grand cycle se trouve en palais brillant et en palais Vedha (*palais 7*) on doit s'attendre à des difficultés, des complications, des blocages, des obstructions. Un vedha en palais brillant est comme un éléphant enchaîné !

Le **Kuja** du grand cycle regarde le palais 1 (*corps*), il n'y a pas d'échappatoire à la violence faite sur elle.

ॐ

L'humeur mène à la violence, la violence au crime, et le crime à l'échafaud.

Proverbe sanskrit

---

[23] Elle est marquée au fer rouge d'un **V** qui veut dire Voleuse.

Jetée sanglante, échevelée, à peu près nue dans un fiacre qui doit la conduire à l'hôpital, madame de La Motte réussit à ouvrir une portière et va se faire broyer sous les roues, losque ses gardiens la ressaisissent. Arrivée à la Salpêtrière, elle se précipite sur son lit le visage en bas; bientôt on s'aperçoit qu'elle s'est enfoncé profondément dans la gorge un pli de la couverture... Une seconde plus tard, elle allait étouffer.

Vous le savez, le seigneur **Kuja** est la violence latente de l'être. Violence sur les autres ou faite sur soi. Dans le cas de la comtesse de la Motte, elle cherche à mettre un terme à sa vie, due aux effets du double **Kuja**.

◆

Lors du suicide de Rommel, deux **Kuja** sont également activés.

Le Kundali du Generalfeldmarschall Rommel est analysé en détail dans le livre "la numérologie des cycles, le seigneur du mois".

Joséphine De Beauharnais

Observons maintenant le Kundali de Joséphine De Beauharnais. Elle devient à l'âge de 41 ans, le 2/12/1804, impératrice de France. Elle est née le jeudi 23/6/1763, et sa Nakshatra de naissance est **Aridra** gouverné par le seigneur **Rahu**.

Son palais 1 est le Couple, gouverné par le seigneur **Budha**. Palais du couple: Adaptable, curieux, agité, sociable, amical, superficiel, volage, hésitant, nerveux. Voyons le texte de la Nakshatra **6 (Aridrâ)** *Gouverné par:* **Rahu**:

(>_<) indice de malice, de soucis ou d'égoïsme ; ingrat, menteur, trompeur, perfide, rusé (en affaires), fourbe, voleur, inconstant et infidèle.

D'après madame de la Tour du Pin qui l'a connue, écrit dans ses mémoires : *"Elle ne pouvait s'empêcher de mentir!"*

Pierre Branda dans sa biographie publiée chez Perrin, *«Joséphine. Le paradoxe du cygne»*.

Cette biographie nous apprend que Joséphine avait un réel don, celui d'obtenir très régulièrement ce qu'elle voulait. Elle réussit à se faire un réseau important parmi les personnes les plus influentes, et ce à toutes époques de sa vie. Les Tallien, Barras, Hoche, Fouché, et bien d'autres. Cependant, tous ces illustres personnages n'étaient là que pour lui permettre de mieux arriver à ses fins… et à payer ses dettes. …Elle n'était peut-être pas une "aventurière", mais une femme intéressée, calculatrice et ambitieuse, très certainement.

N'est-ce pas la signature de **Rahu** ? Ne nous méprenons pas, on ne peut réduire son caractère en quelques lignes, Joséphine De Beauharnais avait une personnalité beaucoup plus complexe comme la plupart d'entre nous.

"…Joséphine était une femme des plus agréables. Elle était pleine de grâce, et femme dans toute la force du terme, ne répondant jamais d'abord que « non » pour avoir le temps de réfléchir. Elle mentait presque toujours, mais avec esprit. Je puis dire que c'est la femme que j'ai le plus aimée."

Napoléon Bonaparte

Ra	01-06	36-41	71-76
Ke	07-09	42-44	77-79
Gu	10-15	45-50	80-85
Su	16-17	51-52	86-87
Ca	18	53	88
Sk	19-21	54-56	89-91
Ku	22-27	57-62	92-97
Bu	28-29	63-64	98-99
Sa	30-35	65-70	100-105

⇐ Voici son grand cycle de naissance. À la date du couronnement impérial, elle avait 41 ans. La divinité active est donc **Rahu**. Nous voyons ici la même configuration que Napoléon. Je calcule son seigneur de l'année et là aussi, il est identique à son impérial mari ! Dessinons son Kundali.

La numérologie des cycles

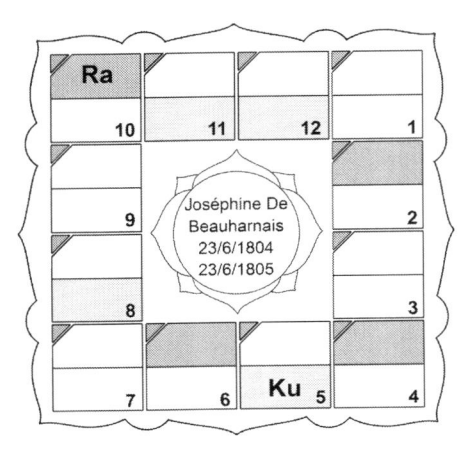

Rahu active le palais 10 qui lui donne ce statut social, dirions-nous à notre époque. Mais nous voyons ici une convergence karmique[24] entre eux.

Mettons côte à côte les Kundali du couple impérial.

Tous les deux activent les mêmes divinités !

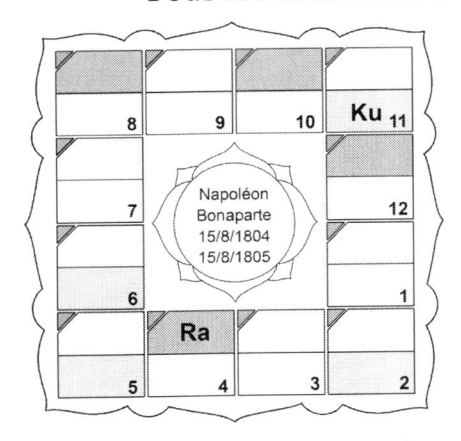

Napoléon Bonaparte ⇧   Joséphine de Beauharnais ⇧

Le palais 1 (*Le charisme*) de l'impératrice est activé par le **Kuja** de Napoléon et Le palais 10 (*Pouvoir*) de Napoléon est activé par le **Kuja** de Joséphine. Le couple impérial, ont

---

[24] Voir le livre :Le seigneur de l'année.

leurs Palais 10 (*le statut*) activés par le seigneur **Rahu**, qui je vous le rappel gouverne l'ambition et l'illusion.

Le seigneur **Kuja** de Joséphine gouverne le palais 11 (*les soutiens que peut attendre le consultant*), vous voyez qu'il active le palais 10 (*le statut, la promotion professionnelle*) de Napoléon Bonaparte. Gouvernant aussi le palais 6 (*difficulté, ennemi, compétition*) **Kuja**, apporte son énergie, mais teinté de difficulté pour elle et pour lui.

"Aucune des trois sœurs de Napoléon ne voulant porter la traîne de l'impératrice, l'Empereur a dû se fâcher pour les y contraindre, mais elles s'amusent à tirer dessus pour que Joséphine trébuche..."

Les trois soeurs de Napoléon

Caroline   Pauline   Elisa

Trois destins intéressants à la lumière de la numérologie des cycles.

Napoléon Bonaparte

Naissance: mardi 15/8/1769

Un rappel son grand cycle de naissance:

Surya natal 03° Lion

Nakshatra **Ketu**.

Ke	01-03	36-38	71-73
Gu	04-09	39-44	74-79
Su	10-11	45-46	80-81
Ca	12	47	82
Sk	13-15	48-50	83-85
Ku	16-21	51-56	86-91
Bu	22-23	57-58	92-93
Sa	24-29	59-64	94-99
Ra	30-35	65-70	100-105

Pour Napoléon Bonaparte les divinités qui furent difficiles dans sa vie sont les seigneurs des palais 6-8-12 soit **Shani**,**Guru**,**Chandra** ainsi que **Rahu** et **Ketu**. **Shukra** dans une moindre mesure, car gouvernant un palais instable (*palais 3*). Instabilité sentimentale ?

L'attentat

Le 24/12/1800, en fin d'après-midi, Carbon, celui qui a réalisé la "machine infernale", harnache la jument à la charrette et avec ses complices ils se rendent avec leur chargement rue Saint-Nicaise, au nord des Tuileries. Saint-Régeant, un autre complice, aperçoit une fillette de quatorze ans du nom de Marianne Peusol, il lui donne douze sous pour tenir la jument quelques minutes. À 19 heures, inconscient du danger qui le menace, Bonaparte détendu mais fatigué se laisse convaincre par Joséphine à contre-cœur, de se rendre à l'Opéra. Le carrosse de Bonaparte, entre dans la rue Saint-Honoré. un des complice panique et oublie de lancer le signal à Saint-Régeant, qui perd ainsi une ou deux précieuses minutes. Quand le chef des grenadiers de la Garde de Bonaparte passe devant lui, Saint-Régeant allume la mèche et s'enfuit. La "machine infernale" explose, pulvérisant la jeune Marianne Peusol et la jument. les vitres du véhicule sont soufflées mais Napoléon Bonaparte en sort indemne. Sur place c'est le carnage.

Au total, l'attentat fait 22 morts et une centaine de blessés, 46 maisons sont détruites ou rendues inhabitables.

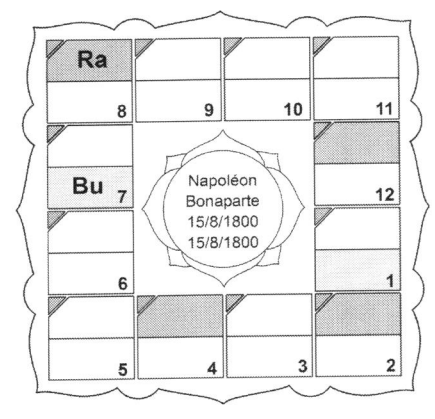

Napoléon à 31 ans et la période du grand cycle de **Rahu** dure de 30 à 35 ans. Karaka de l'ambition (*il est couronné empereur*.), mais révèle aussi des événements soudains, inattendus, La progression de **Rahu** à l'âge de 31 ans se trouve dans le palais 8 qui gouverne les dangers, et les évènements soudains. De là, il active les palais 8.12.2.4. **Budha** est le Karaka du mouvement (*voir l'évasion de Marie-Antoinette*) **Budha** gouverne le palais 11 et 2. Gouvernant des palais non dangereux, il s'en sort. **Budha** est en palais 7 (*les autres, ici les royalistes*) c'est aussi un palais **Vedha** (*Obstruction*) son trajet est interrompu (*les royalistes essayent de le bloquer*).

Budha est ici bénéfique et regarde le palais 1 (*corps physique, personnalité*), il atténue ici le danger sur le corps physique. Le grand cycle de **Rahu** apporte aussi des évènements brusques, étant en palais 8 il active les dangers,

On pourrait le traduire par "*Un danger est activé, par un mouvement ou déplacement, mais le consultant saura le déjouer (palais 11 désirs, appuis)*" ce qui génèrera un retard ou un ralentissement (*Vedha*).

Pour la tentative d'évasion, Marie-Antoinette était aussi dans la période de **Budha**, mais la différence ici, est que **Budha** ne gouverne pas de palais maléfique, contrairement à la reine de France. Ici **Budha**, seigneur du palais 11 et 2 est en palais 7, Marie-Antoinette avait **budha**, seigneur du palais 9 et **12** en palais 11. Comprenez bien la subtilité.

ॐ

"*La maladie, le chagrin, les angoisses, la solitude et les malheurs, tels sont les fruits que les mortels recueillent de l'arbre de leurs fautes.*"

Proverbe sanskrit

La numérologie des cycles

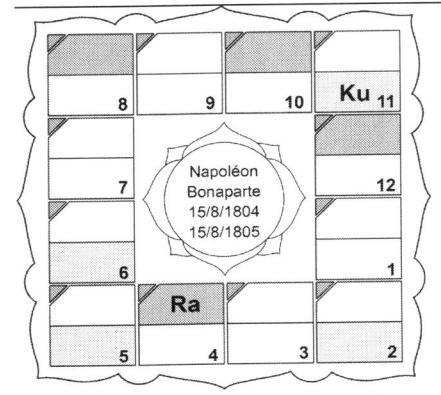

Regardons la période du 2/12/1804, date où Napoléon Bonaparte est sacré empereur des Français à **35** ans. La divinité agissante de 30 a 35 ans est **Rahu** c'est-à-dire du 15/8/1799 au 15/8/1804. À 35 ans le seigneur **Rahu** passe dans le palais 4, c'est le karaka du mental et du pays. Son ambition pour son pays (*et pour lui*) est forte. Il active le palais 8 et 12. Une envie d'expansion vers les pays étrangers *(palais 12)*. Changement soudain et danger *(palais 8)*. **Rahu**[25] donne de l'ambition.

C'est intéressant de voir que lors de l'activation du seigneur **Rahu**, c'est-à-dire le 15/8/1799, son ascension au pouvoir commence réellement par le coup d'État du 18 brumaire (*9 novembre 1799*), et sa nomination comme premier consul.

Le 18 mai 1804, Napoléon Bonaparte se fait proclamer empereur des Français et prend le nom de Napoléon 1er. Il est sacré le 2 décembre de cette année, par le pape Pie VII en la cathédrale Notre-Dame de Paris.

En 1804, Napoléon met au point un plan visant à l'invasion du Royaume-Uni. Cette ambition sombre définitivement à la bataille de Trafalgar le 21/10/1805.

Nous avons ici deux évènements contradictoires, le sacrement impérial et la bataille de Trafalgar ! C'est qu'entre

---

[25] Rahu et Ketu ne sont pas concernés par les palais Vedha.

ces deux évènements, le seigneur du grand cycle a changé. **Rahu** laisse la place à **Ketu** qui commence le 15/8/1805 et finit le 15/8/1808. L'expansion du seigneur **Rahu** (*la Maya*) est démontrée ici. Souvenez-vous que **Rahu** "truc le jeu de la vie" en flattant votre égo et votre ambition. Nous pouvons dire que l'année 15/8/1804-15/8/1805 fut en augmentation en raison de ce **Rahu** en palais 4 et de **Kuja**, seigneur du palais 9 (*chance*) se trouvant en palais 11 (*réalisation des désirs*), mais à du donner du fil à retordre à Napoléon Bonaparte. **Rahu** reste en palais 4 du 15/5/1804 au 15/2/1805 (*six mois*).

Il finit à 36 ans le grand cycle de **Rahu** qui a débuté le 15/8/1799 (30 ans) jusqu'au 15/8/1805 (35 ans).

Six ans d'acharnement et d'ambition pour être empereur ! Comme pour Marilyn Monroe, la caractéristique de **Rahu** est l'ambition, la manipulation et les prises de risque.

À chaque début de nouveau cycle, la période change et le consultant vit quelque chose de nouveau. Les grands cycles de **Rahu**, **Ketu** et **Shani** ont un rapport au Karma.

Le 15/8/1805 au 15/8/1808, commence donc pour Napoléon le second grand cycle majeur (*36 à 70 ans*) avec le seigneur **Ketu**. C'est une période difficile, car la divinité est maléfique et elle démarre son cycle en palais 12.

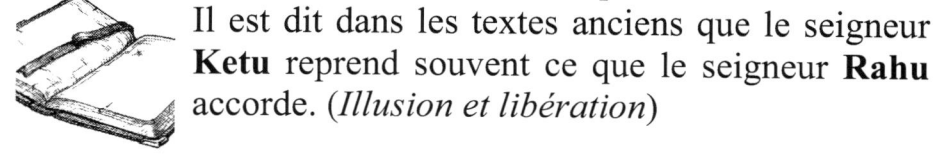

Il est dit dans les textes anciens que le seigneur **Ketu** reprend souvent ce que le seigneur **Rahu** accorde. (*Illusion et libération*)

La numérologie des cycles

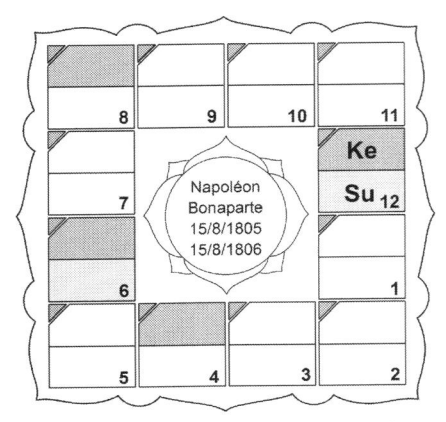

⇐ Voici son Kundali du 21/10/1805, le jour de la bataille de Trafalgar. Napoléon démarre le grand cycle de **Ketu** en palais 12 de même que **Surya** son seigneur de l'année et qui le représente car il gouverne le palais 1. La réussite n'est plus là.

En août 1805, la flotte franco-espagnole se fait surprendre par les Anglais au large de l'Espagne. Ils sont anéantis par les navires anglais à Trafalgar le 21 octobre 1805. Victoire totale des Britanniques, malgré leur infériorité numérique.

La bataille de Trafalgar.

Les deux tiers des navires franco-espagnols sont détruits, et Napoléon, faute d'une flotte suffisante, doit renoncer à tout espoir de conquête du Royaume-Uni. Lors de la défaite de

Le seigneur du grand cycle

Trafalgar, nous avons **Ketu** maléfique et **Surya**, le seigneur du palais 1 (*Napoléon*) dans le palais des pertes (*palais 12*) et activant par leurs regards, les ennuis (*palais 6*). Le grand cycle du seigneur **Ketu** dure trois ans, du 15/8/1805 au 15/8/1808, et c'est également pendant cette période que la désastreuse campagne d'Espagne est déclenché. Il a reconnu par la suite qu'il avait commis une grave erreur.

> " *Cette malheureuse guerre m'a perdu ; toutes les circonstances de mes désastres se rattachent à ce nœud fatal. Elle a compliqué mes embarras, divisé mes forces, détruit ma moralité en Europe.*"

Ketu donne certaines idées invraisemblables ou utopiques au consultant. C'est la première grande défaite de l'Empire napoléonien. **Ketu** nous retire souvent ce que **Rahu** nous accorde.

Ke	01-03	36-38	71-73
Gu	04-09	39-44	74-79
Su	10-11	45-46	80-81
Ca	12	47	82
Sk	13-15	48-50	83-85
Ku	16-21	51-56	86-91
Bu	22-23	57-58	92-93
Sa	24-29	59-64	94-99
Ra	30-35	65-70	100-105

⇐ La période suivante du 15/8/1808 au 15/8/1814 (*39 à 44 ans*) est gouvernée par **Guru**, seigneur du palais 5 et 8. Nous avons une période bénéfique et maléfique, le palais 5 (*sentiment, enfant*) et le palais 8 (*danger, évènement soudain et inattendu, choses cachées et secrètes*).

La numérologie des cycles

P.	3	4	5	6	7	8	9	10	11	12	1	2
		1	2	3	4	5	6	7	8	9	10	11
		2	4	6	8	10		2	4	6	8	10
		3	6	9		3	6	9		3	6	9
Gu	39	6	40	6	41	6	42	6	43	6	44	6
Dte	15/8/08	15/2/09	15/8/09	15/2/10	15/8/10	15/2/11	15/8/11	15/2/12	15/8/12	15/2/13	15/8/13	15/2/14

Apprenant cette déroute, l'Autriche n'hésite pas à attaquer la Grande Armée présente en Allemagne. Le 5 et 6 juillet 1809, Napoléon remporte la bataille de Wagram. Il signe ensuite un armistice avec l'Autriche. L'empire de Napoléon est à son apogée. Il s'étend sur 750 000 km².

Guru accorde de l'ampleur, de l'expansion, le 15/8/1809 Il est en palais 5 son palais source. Sur le plan personnel, l'empereur Napoléon Ier divorce de Joséphine, épousée 13 ans plus tôt, pour raison d'État (*elle ne lui a pas donné de descendant*). Le divorce de l'impératrice Joséphine est prononcé le 15/12/1809 par consentement mutuel. Le 2/4/1810, il épouse Marie-Louise, 18 ans, fille de l'empereur d'Autriche François Ier. **Guru** en palais terne.

L'effet ci-dessus est l'action de **Guru** gouvernant le palais 5 et le palais 8 qui agit.

Mots clés du seigneur **Guru**: L'expansion, les excès, l'intelligence, la connaissance, la richesse. Mots clés du palais 5: Relations sentimentales, naissance, enfant, initiatives personnelles, créativité.

Mots clés du palais 8: Transformation, bouleversement, danger, mort, héritage, changements soudains, souffrance psychique, les crises, les secrets.

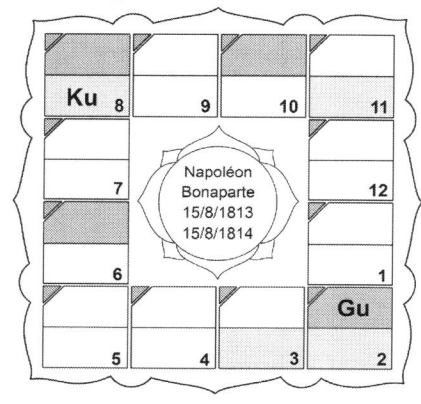

⇐ Napoléon est contraint d'abdiquer le 6/4/1814 et il tente de se suicider le 12 avril de la même année avec du poison, mais survit. Il est envoyé en exil sur l'île d'Elbe avec quelques-uns de ses fidèles. Ici, nous avons **Guru** dans sa dernière année. Le palais 8 (*les dangers*) est doublement activé, **Kuja** est dangereux. Remarquez que les deux divinités activent également le palais 2 (*mort*). **Guru** étant une divinité bénéfique naturelle et gouvernant un palais bénéfique (*palais 5*), a sans doute permis de garder l'empereur en vie lors de sa tentative de suicide. Le palais 5 gouverne l'initiative personnelle, le suicide en est une.

Résumons la période du Seigneur **Guru** (1808 - 1814)

1808 Début de la guerre d'Espagne. ↘

1810 Alliance avec l'Autriche, mariage avec Marie-Louise. ↗

1811 Naissance du Roi de Rome. ↗

1812 Campagne de Russie - La Bérézina ↘

1813 La Prusse déclare la guerre à la France. ↘

2/4/1814 Le Sénat déclare Napoléon Bonaparte et sa famille déchus du trône. ↘

6/4/1814 – Abdication de Napoléon Ier.
12/4/1814 – Tentative de suicide.
4/4/1814 – Débarquement de Napoléon à l'île d'Elbe.

Nous voyons que le seigneur **Guru** gouvernant un palais maléfique et bénéfique, lui apporte réussite, déchéance, et un enfant, amplifié ou non, par l'action du seigneur de l'année.
La période suivante du 15/8/1814 au 15/8/1816 est gouvernée par **Surya**, seigneur du palais 1 soit de 45 ans à 47 ans. Ce grand cycle débute au palais 9. Le palais 9 de Napoléon est le palais brillant du seigneur **Surya** et aussi sa divinité de naissance. Observez le Kundali ci-dessous,

Napoléon active deux fois le seigneur du palais 1, dont l'un se trouve en palais brillant. La période s'annonce brillante ! Inquiet du sort de sa femme et de son fils laissé aux mains des Autrichiens et devant le refus du roi de lui payer sa rente, Napoléon s'échappe de l'île d'Elbe pour rejoindre la France en mars 1815. Le seigneur du grand cycle séjourne en palais 12 du 15/2/1815 au 15/4/1815. Ce palais gouverne l'exil, les départs. Quelle similitude avec la fuite de Louis XVI !
(*Voir le livre 1* p176).

Le seigneur du grand cycle

Il s'évade de l'île d'Elbe le 26/2/1815, avec 1 100 soldats, car il se sentait en danger (*on sait aujourd'hui que des complots étaient fomentés contre l'ancien empereur*). Il se renseigne sur sa popularité en France. Il s'embarque sur un bateau "l'inconstant" (*comme le palais 3* [26]). D'habitude, le port de l'île d'Elbe est surveillé, mais cette nuit du 26/2/1815, le représentant anglais s'est absenté (*chance, palais 9*). Il débarque le 1/3/1815 à Golf Juan près d'Antibes et la rumeur de son retour se propage. Dès son retour, des placards imprimés (*palais 3 activé*) proclament que "*L'Aigle va voler de clocher en clocher jusqu'à Notre-Dame*". Le **Surya** en palais 9 et en palais brillant y est pour beaucoup dans la réussite de cette évasion.

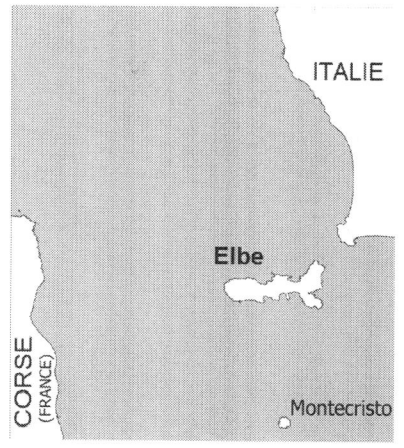

---

[26] D'autre part, le seigneur du mois se trouvait en palais 3 lors de l'évasion.

Le **Surya** du palais 12 fait qu'il se sent prisonnier (*exilé*) et qu'il souhaite s'échapper de cette prison. Le palais 12 donne un caractère secret, voire complotiste.

L'armée censée l'arrêter se range sous le commandement de leur ancien souverain. Napoléon atteint Paris le 20 mars puis entre aux Tuileries sans avoir tiré un seul coup de feu après le ralliement le 18 mars du maréchal Ney à Auxerre. Louis XVIII ayant déjà fui la capitale, il s'empare du pouvoir sans aucune violence. C'est le début de la période des "Cent-Jours" (20 mars - 22 juin 1815).

Surya démontre ici tout ce qu'il représente, le pouvoir et le symbole du chef, mais aussi l'autorité, le commandement, le charisme et la détermination. Le palai 9 lui donne la foi.

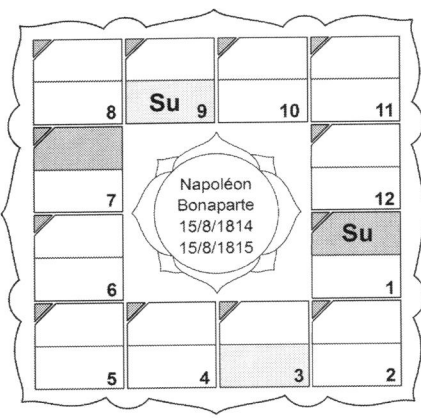

Du 15 avril au 15 juin 1815, le grand cycle de **Surya** traverse le palais 1, ce qui correspond à une grande partie des cent jours de Napoléon. **Surya** est dans son propre palais, et c'est aussi la divinité de naissance. Comme vous le voyez le grand cycle de **Surya** qui est le karaka du pouvoir lui redonne pendant cent jours l'éclat d'antan. Un **Surya** seigneur de l'année en palais 9 et en palais brillant, et un **Surya** seigneur du grand cycle en palais source et seigneur du palais 1, c'est une combinaison royale. Mais tout est en mouvement dans l'univers. Les puissances européennes se constituent à nouveau en coalition. Leurs troupes, deux fois supérieures à l'armée napoléonienne, écrasent Napoléon à Waterloo le 18 juin 1815. Le grand cycle de **Surya** vient juste de quitter le palais 1 (le 15/6/1815), il passe en palais 2, l'aura du **Surya** en palais 1 n'y est plus. N'oubliez pas que **Surya** tend à l'isolement.

Du 15/8/1815 au 15/10/1815, le grand cycle de **Surya** se trouve dans le palais 3, palais instable et en palais terne. Nous avons là un **Surya** très amoindri. Il est trompé, car il pensait s'embarquer pour les États unis. Demandant l'asile au plus constant de ses ennemis, l'Angleterre, il est d'abord pris en charge par le navire Bellerophon, puis transféré le 7 août 1815 sur le "Northumberland" qui le déposera à Sainte-Hélène. Nous voyons ici que le seigneur du palais 1, **Surya** se trouve en palais terne et en palais 3 (*Voyage, les differents*). On est loin de la période faste des 100 jours. **Chandra**, le seigneur de l'année, gouverne le palais 12 (*exil*) et se trouve en palais brillant, ce qui lui donne une grande force qui hélas sera destructrice pour le palais 10: Travail - Statut - Autorité - Pouvoir - Réputation - Ambition - Les responsabilités - Promotions.

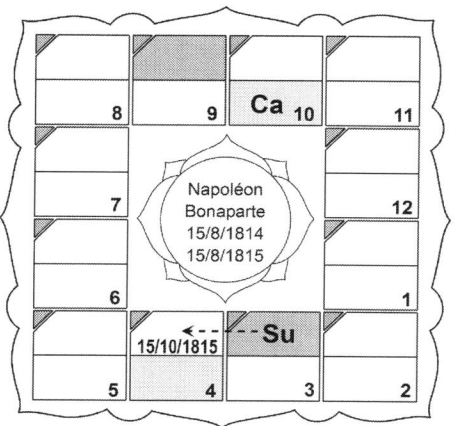

La numérologie des cycles

Tout cela est abîmé par le seigneur du palais 12.

Le "Northumberland" prit la mer le 9/8/1815 et il arrive à Sainte-Hélène le 15/10/1815. La date est intéressante, car le 15/10/1815, le seigneur **Surya** quitte le palais 3 et le palais terne (*déménagement, mouvement*) et entre dans le palais 4 (*Foyer*). De là le seigneur **Surya** est regardé de plein feu par **Chandra**, le seigneur du palais 12.

⇐ *Napoléon à bord du Northumberland.*

Chandra abîme donc le palais 10 (*le statut*) et le palais 4, le foyer qui devient prison, par le regard du seigneur du palais 12. c'est aussi un palais **Vedha**! difficultés, ralentissement, retards, complications, blocages, obstructions.

Le seigneur du grand cycle

Voyons la fin de la vie de Napoléon, il mourut le 5/5/1821.

C'est là qu'il rédigea ses mémoires, *"Le mémorial de Sainte-Hélène"*. Il y vécut six années avant de mourir le samedi 5/5/1821, peut-être empoisonné à l'arsenic. À l'époque de sa mort, le grand cycle était **Kuja** qui débute le 15/8/1820 qui était déjà actif lors de sa tentative de suicide, le seigneur de l'année est **Ketu**. Deux divinités maléfiques agissent en même temps. On peut remarquer que le palais 7 signifiant les autres, ici, les Anglais et le palais 11, ses compagnons, sont regardés par ces deux divinités maléfiques. Y a-t-il eu une entente secrète entre les Anglais et l'entourage de Napoléon Bonaparte ?

Souvenez-vous que le seigneur **Ketu** engendre confusion, doute, suspicion, rien n'est vraiment réel ou établi, montrant ainsi que ce monde est une illusion.

Le Dr Pascal Kintz, président de l'Association Internationale des Toxicologues de Médecine Légale, écrit dans son article "Trois séries d'analyse des cheveux de Napoléon confirment une exposition chronique à l'arsenic que Compte tenu de ces données scientifiques, nous pouvons conclure que Napoléon a bien été la victime d'une intoxication chronique à l'arsenic minéral, donc à la mort-aux-rats ". (24/1/2008)

Ces conclusions sont également partagées par l'International Museum of Surgical Sciences et l'International College of Surgeons de Chicago.

Rappel: Prenez le seigneur de son grand cycle comme la couleur générale ou dominante d'un tableau. Les karaka naturels des divinités sont aussi actif, par exemple: **Surya** "*pouvoir*" **Budha** "*voyage, écrit*" **Guru** "*expansion, religion*", etc.). Le seigneur **Ketu** ne réussit pas aux gens de pouvoir, car il désagrège cette illusion de puissance durable par la perte et le détachement de celle-ci.

Rahu donne au niveau de la matière (*attachement*), **Ketu** donne au niveau spirituel (*détachement*). Les karaka occasionnels et naturels doivent se combiner entre eux, cependant les karaka occasionnels marquent plus intensément les évènements pour le consultant.

Je rappelle ici que les Karaka occasionnels sont les matières gouvernées par les divinités en fonction des palais attribués.

Quelques dates dans la vie de Napoléon Bonaparte, lorsque le seigneur **Ketu** est activée :

(*Ketu*) Sa maison a été mise à sac et incendiée (1793).
(*Ketu*) Bataille de Trafalgar. (1805).
(*Ketu*) Campagne désastreuse de Russie (1812)
(*Ketu*) Décès (1821)

Le seigneur du grand cycle

Rahu, **Ketu**, et **Shani** on un fort lien avec le karma, mais toutes les divinités reflètent aussi ce que nous devons apprendre, car les vies antérieures ont façonné l'être de multiple manière. L'âme apprend, expérimente, progresse, passe de l'ombre à la lumière et fait des choix, pas toujours lumineux, pas toujours avec amour, souvent par ignorance et avidité. Mais, la souffrance que nous engendrons ne peut rester dans le monde Divin, ou l'harmonie céleste ne peut concevoir la disharmonie, alors il y a retour à l'envoyeur. Il n'y a donc pas de puissance divine qui vous punit, juste un simple retour de vos pensées de vos paroles et de vos actes non lumineux et que l'on aime appelé d'un air réprobateur, le Karma! Ce retour qui est souffrance[27] va révéler à l'âme, les fautes commises, et réparer ce que l'autre a souffert par notre comportement. Nous allons devoir souffrir à l'identique, ce qui peut-être engendrera compassion, amour et respect de l'autre. Ainsi, l'âme franchit une étape dans sa longue évolution.

On récolte ce que l'on sème ⇨

---

[27] Le karma englobe aussi les actions méritantes.

Mata Hari

⇐ Mata Hari, de son vrai nom Margaretha Geertruida "Grietje" Zelle, est une danseuse et courtisane née le lundi 7 août 1876 à Leeuwarden (*Pays-Bas*), et morte à 41 ans le 15 octobre 1917 à Vincennes (*France*), fusillée pour espionnage pendant la Première Guerre mondiale.

Bu	01-02	36-37	71-72
Sa	03-08	38-43	73-78
Ra	09-14	44-49	79-84
Ke	15-17	50-52	85-87
Gu	18-23	53-58	88-93
Su	24-25	59-60	94-95
Ca	26	61	96
Sk	27-29	62-64	97-99
Ku	30-35	65-70	100-105

Surya natal 23° du crabe Nakshatra N°9 **Budha**. Voici le Kundali de naissance de Mata Hari.

Sa divinité de naissance est **Chandra** qui gouverne le signe du Crabe: Émotif, romantique, réactif, sensible, réceptif, intuitif, maternel, besoin de sécurité, dépendant.

★ Nakshatra: **9 (Ashleshâ)** *Gouverné par:* **Budha**
(^_^) favorise l'élévation mentale et l'énergie, éloquent, habile, rusé, la transmutation de la peur en courage.
(>_<) manque de franchise, risque d'avarice, déception, égoïste, ingrat, dur, asocial, versatile, malhonnête; indice de rupture familiale, professionnelle ou de tous ordres, désillusions.

À 18 ans, le 11/7/1895, à la suite d'une annonce matrimoniale, elle se marie avec un officier de la marine néerlandaise de dix-neuf ans son aîné, Rudolf MacLeod, avec qui elle part vivre aux Indes néerlandaises (*Indonésie*).

Ci-dessus, le portrait de mariage de Margaretha Zelle et du capitaine Rudolf MacLeod en 1895. À 18 ans, Mata Hari ignorait que son mari avait la syphilis.

"*Fais du bien à ton corps pour que ton âme ait envie d'y rester.*"
Proverde de l'Inde

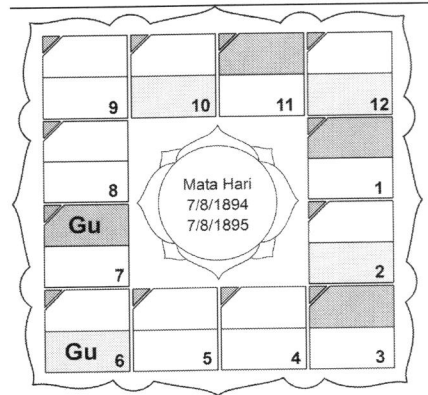

À 18 ans, le seigneur de l'année est **Guru**, seigneur des palais 6 et 9 (*Ennui, violence, voyage*) activant par ses regards, la profession, l'exil et la famille. Le grand cycle de 18 à 23 ans est aussi **Guru**. **Guru** est donc actif deux fois, et qui est le Karaka du mari.

Il gouverne le palais 9 (*Voyage lointain*), elle s'exile aux Indes néerlandaises. Le seigneur du grand cycle se trouve en palais 7 (*époux, mariage*) mais en palais terne donc très faible et plus pernicieux. C'est aussi un palais Vedha. **Guru** regarde le palais 1 et donc abîme Mata-Hari. On peut dire

Remarque
Guru est le Karaka du mari (l'époux).
Shukra est le Karaka de la femme (l'épouse).

que de 18 à 23 ans la période est trouble et dangereuse (*palais 6*) et ponctuée de voyages et de coup du destin (*palais 9*) c'est-à-dire de 1894 à 1900. Ils auront deux enfants, un garçon et une fille. L'infirmière, qui est la maîtresse de son mari, et qui est jalouse, se venge en essayant d'empoisonner les deux enfants[28] en 1899. Les effets du palais 6 ne sont plus à démontrer et **Guru** est le Karaka des enfants du consultant. En 1902, de retour en Europe, elle divorce à La Haye de son mari, qui était un

---

[28] Des deux enfants seule la fille Louise survivra.

homme violent et alcoolique. Il est ici en palais terne et donc décevant non fiable et violent. Elle obtient la garde de sa fille et une pension alimentaire, qui ne lui sera jamais versée. Son mari, Rudolf MacLeod enlève sa fille, jugeant son ex-femme indigne et dangereuse. Nous voyons que son mariage est désastreux. Lorsque le palais 7 ou le seigneur du palais 7 est abîmé de même que le palais 1 ou son seigneur ou bien si **Guru** (*Karaka du mari*) est très faible, alors évitez si possible de vous marier, à moins mesdames de connaitre très bien votre futur conjoint et que cette configuration repose plutôt sur un état dépressif ou bien une maladie de votre futur époux. De toute façon, dans la mesure du possible reportez la cérémonie, à des cycles plus favorables pour vous. C'est aussi valable pour vous, messieurs, remplacer le seigneur **Guru** par le Karaka de l'épouse (*Shukra*). N'est-ce pas le but de la numérologie des cycles que de vous aider à choisir le meilleur moment pour vous ?

Voyons une autre période de sa vie et remontons le temps jusqu'en 1905. Au début de cette année, elle se fait embaucher en tant qu'écuyère dans le "Nouveau cirque"

La numérologie des cycles

d'Ernest Molier, qui lui propose d'évoluer en danseuse dénudée; elle commence dès lors à composer son rôle de danseuse orientale. Le 13/3/1905, Émile Guimet, orientaliste fortuné et fondateur du musée du même nom, l'invite à venir danser dans la bibliothèque du musée, transformé pour l'occasion en temple hindou : elle y triomphe dans un numéro de danseuse érotique sous le nom de Mata Hari, signifiant "soleil" en malais. Mata-Hari à quitter le grand cycle du seigneur **Guru** pour celui de **Shukra** seigneur du palais 11 et 4, plus bénéfique.

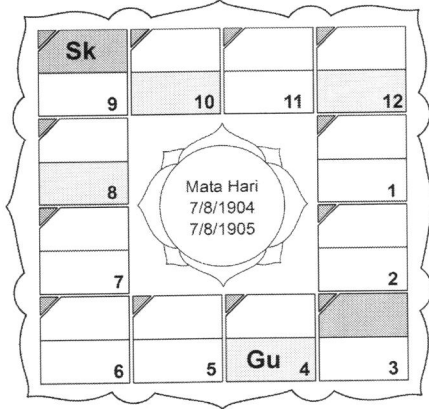

Le grand cycle de **Shukra** est activé de 27 a 29 ans soit du 7/8/1903 au 7/8/1906, qui annihile partiellement les effets de **Guru**, seigneur de l'année. Remarquez que nous avons ici deux bénéfiques naturels. **Shukra** au 7/2/1905 est en palais brillant et en palais 9. La chance lui sourit. La réussite est là. **Shukra** signifie la sensualité, la danse. Pour survivre, elle se fait entretenir par les hommes dans le Paris de la Belle Époque, tenant sa place entre la courtisane et la prostituée.

Shukra est aussi le karaka de l'argent et seigneur du palais 11 (*revenu*). *"Elle gagne alors 10 000 FRF par soirée."*
Shukra active le palais 3 (*Communication, échange, voyage*) *"Émile Guimet, orientaliste fortuné... l'invite à venir danser dans la bibliothèque du musée, transformé pour l'occasion en temple hindou."*
ici, le fait est intéressant, car les livres (*bibliothèque*), sont régis par le palais 3. Bien connaître ce que gouvernent les divinités est important pour favoriser votre intuition.
La période est donc faste pour Mata Hari. Vous observez que **Shukra** active le palais 9 et que le seigneur de l'année gouverne le palais 9. **Guru** en palais d'obstruction est nuancé par cette divinité en palais brillant, car **Guru** gouverne également le palais 6 et il serait intéressant de voir dans sa biographie les évènements difficiles de cette période.

ॐ

"La pierre même sera creusée, si la petite fourmi y grimpe continuellement".

Le livre des proverbes des Tamouls

La numérologie des cycles

Remontons le temps.
En 1907, endettée, elle est réduite à des rôles peu reluisants dans des spectacles non plus mondains, mais populaires, allant jusqu'à se prostituer dans des maisons closes. Nous voyons ici que la période n'est plus au faste. Les deux seigneurs des cycles se trouvent en palais 6 (*maladie, ennuis*) et activant ensemble le palais 12 (*perte, ruine, dette, emprisonnement*). Remarquez que **Kuja**, seigneur du palais 10 (*travail*) se trouve en palais maléfique et regardé par **Budha** seigneur du palais 12 et 3. Cela peut conclure à une perte d'activité professionnelle ou bien à vivres d'expédient. Remontons encore le temps de quelques années.

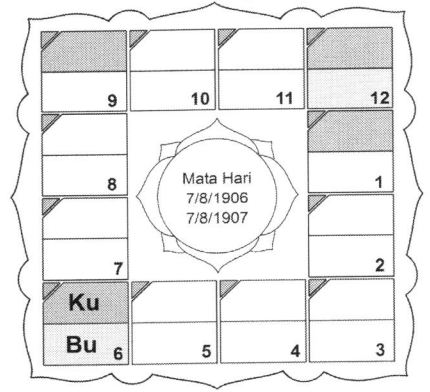

Execution

Elle est fusillée le 15/10/1917, au polygone de tir de Vincennes. Selon son médecin, le docteur Léon Bizard, qui relate les faits dans son livre "*Souvenirs d'un médecin de la préfecture de police et des prisons de Paris (1914-1918)*", elle a refusé le bandeau qu'on lui proposait et aurait lancé un dernier baiser aux soldats de son peloton d'exécution. Juste

Le seigneur du grand cycle

avant d'être fusillée, Mata Hari s'écrie : *"Quelle étrange coutume des Français que d'exécuter les gens à l'aube !"*.

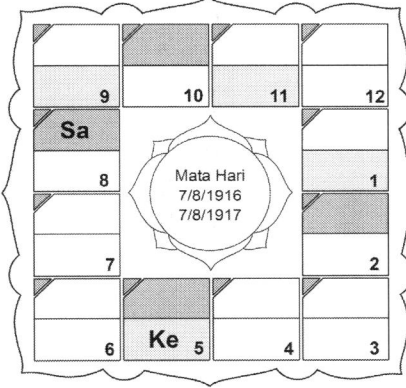

⇐ Regardons le seigneur de l'année du 7/8/1917 au 7/8/1918 elle à 41 ans. **Ketu** en palais **5** abîme le palais 5, 9 et 1. Affligeant le palais 1 des épreuves et des dangers pour le corps. Le grand cycle de 38 à 43 ans est gouverné par **Shani**, seigneur du palais 7 (*opposant*) et 8. Le grand cycle indique les autres et les dangers. Lorsqu'une divinité se trouve dans son palais source, celui-ci est renforcé. Ici, ce que représente le palais 8 est puissant. **Shani** gouverne le palais 8 et se trouve en palais source.

Un rappel de la signification du palais 8:

> Transformation . Bouleversement, Danger . Accident . Mort . Héritage . Changements soudains . Souffrance psychique . Les crises . Les secrets.

Vous connaissez aussi les effets du seigneur **Ketu**[29], principalement sur le palais 1. Le seigneur **Ketu** et **Shani** tend au détachement, à l'isolement, et à l'épuration du karma. Ce qui nous semble une violente épreuve (*et elle l'est au niveau physique*) est un allégement du karma, et de l'émotionnel qui s'est emmagasiné de vie antérieure à notre

---

[29] Affligeant le palais 11 (*appuis et protections*) son avocat n'a pas eu droit de consulter les soi-disant preuves retenues contre elle.

vie actuelle. Il faut bien payer la dette des actions qui ne sont pas ou qui n'était pas lumière, lorsque le fardeau est vraiment trop lourd à porter pour l'âme. Notre évolution nous appartient, mais nos actions aussi. Il y a une loi divine, universelle, celle de cause à effet ou bien, l'effet Boomerang si vous préférez. Chaque situation à un impact sur ma vie, car chaque situation que je vis est créée par moi. Par mon mental (*pensée*), par mes paroles (*ou mes écrits*), par mes actes. En Chine, il est dit qu'il y a trois pointes blessant autant les unes que les autres: la pointe d'une lance, la pointe de la langue, la pointe d'une plume à écrire. Ces trois pointes utilisées à mauvais dessein amènent la souffrance, la violence, la destruction. Soyez bienveillant envers les autres et les animaux et surtout avec vous-même en premier, car, souvenez-vous, les pensées engendrent les actions. L'état d'esprit d'un bon équilibre est de savoir apprécier ce que l'on a, voir les animaux comme des êtres égaux en tout point à nous, et de s'aimer. L'humilité est une vertu et non une faiblesse.

Charles De Gaulle

⇐   Charles De Gaulle
né le samedi 22/11/1890.

9° du Scorpion
✶ Nakshatra **17** (**Anuradha**) *Gouverné par:* **Shani**.

Le 2/3/1916, son régiment est attaqué et décimé, par l'ennemi en défendant le village de Douaumont, près de Verdun. Sa compagnie est mise à mal au cours de ce combat et les survivants sont encerclés. Tentant alors une percée, il est obligé par la violence du combat à sauter dans un trou d'obus pour se protéger, mais des Allemands le suivent et le blessent d'un coup de baïonnette à la cuisse gauche. Capturé par les troupes allemandes, il est soigné et interné. Cette disparition au front lui vaut d'être cité à l'ordre de l'armée. Toutefois, cette histoire de sa capture est remise en cause par un officier allemand et un ancien poilu, ainsi que par des témoignages et citations non concordantes qui permettent à certains d'affirmer que De Gaulle se serait rendu. *(Source Wikipedia)*. Bien, dessinons le Kundali lors de ce conflit mondial à la date de l'évènement.

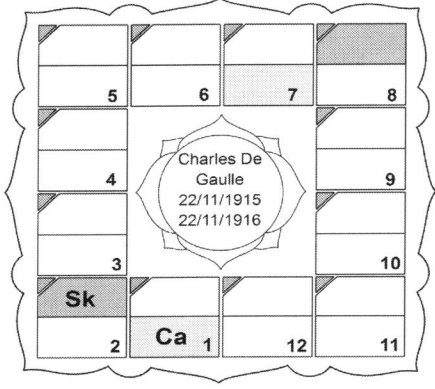

Remarquez qu'il active le palais 12 (*emprisonnement*) car **Shukra** gouverne ce palais. **Shukra** est dans sa première année du grand cycle qui commence donc à sa date d'anniversaire le 22/11/1915 pour se terminer trois ans plus tard Le 22/11/1918.

Le capitaine De Gaulle *(il n'était pas encore général)* essaiera de s'évader cinq fois ! Il est libéré après l'armistice du 11/11/1918 et retrouve les siens le mois suivant. Nous voyons les effets de la divinité **Shukra** qui le maintient prisonnier le temps de sa régence soit trois années !

Remarquez aussi que lors de son emprisonnement le 2/3/1916, le seigneur de l'année **Chandra**, se trouve en palais terne et en palais 1. Cette divinité est très faible, elle ne soutient plus le mental et donc souvent une résignation. Elle gouverne le palais 9 (*Chance, vision du monde, philosophie*), tout cela s'émiette. Ce qui est étonnant dans ce Kundali, c'est que le seigneur du grand cycle **Shukra** active le palais 2 qui annonce parfois la mort. « *[]...Cette disparition au front lui vaut d'être cité à l'ordre de l'armée.*» On le croit mort !

Le seigneur du grand cycle

32 ans plus tard, le 6/6/1940, le général de Gaulle est nommé sous-secrétaire d'État à la Guerre et à la Défense nationale lors du remaniement du gouvernement Paul Reynaud[30].

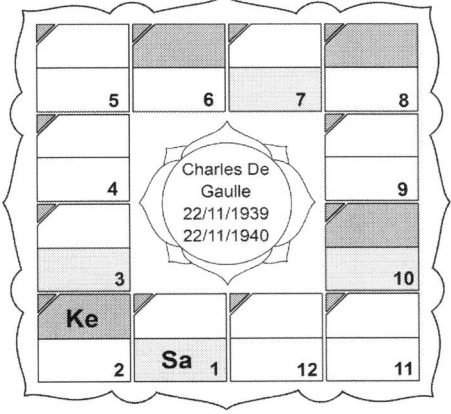

⇐ Ici le Kundali lors de sa nomination au gouvernement. C'est un paradoxe, car le palais 10 gouverne le travail, le statut social et remarquez combien il est abîmé par le seigneur de l'année et le seigneur du grand cycle qui sont deux divinités maléfiques. Le seigneur de l'année agit sur une année et les évènements peuvent se manifester dans les 365 jours que compte l'année. Le seigneur **Ketu** quant à lui gouverne pendant trois ans. Mais vous allez voir que les divinités vont agir très rapidement selon leurs natures sur le palais 10.

Il apprend avec consternation, le 17/6/1940, la démission de Paul Reynaud et son remplacement par le maréchal Pétain. Le même jour, la nomination comme ministre de la Défense nationale et de la guerre du général Weygand alors chef d'état-major de l'Armée, ce qui sonne le glas des ambitions ministérielles de De Gaulle.

---

[30] Paul Reynaud, président du conseil (1er ministre) alors en désaccord avec les principaux membres du gouvernement et responsables militaires quant à la conduite à tenir, démissionne et se voit remplacé par le maréchal Pétain,.

La numérologie des cycles

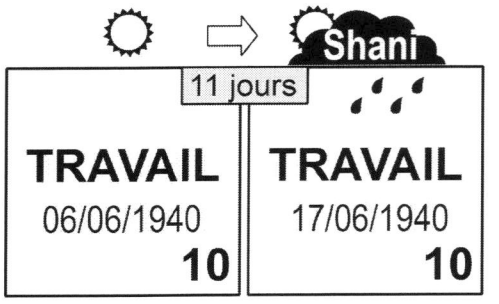

TRAVAIL	TRAVAIL
06/06/1940	17/06/1940
10	**10**

Le 6/6/1940 il est nommé au gouvernement et au 17/6/1940 ses ambitions s'éffondrent, c'est-à-dire 11 jours plus tards[31]. Le seigneur **Shani** apporte la détermination, la ténacité, mais aussi les obstacles. Il faut souvent faire avec **Shani** de grands efforts pour peu de résultats, car il retarde, ou gèle les situations. N'oubliez pas qu'il se trouve en palais 1 ce qui abîme le charisme, on ne se met pas en valeur ou bien les autres ne remarquent pas nos qualités. Il part pour Londres le 17/6/1940 tout en faisant croire à un enlèvement.

Ici c'est le seigneur du grand cycle **Ketu** qui aime bien jouer d'illusion, de mensonge, de fausse déclaration. (*il fait croire à un enlèvement*). Le seigneur de l'année **Shani** gouverne le palais 3 *(les voyages)*, il quitte la France et c'est également ce palais 3 *(la communication)*, qui à donné l'appel du 18/6/1940 et du 22/6/1940 depuis Londres[32].

---

[31] Le seigneur du mois donnent plus de précision sur les évènements à venir ainsi que de leurs probables déclenchements.
[32] Le 18 juin 1940, le général de Gaulle lançait son appel aux Français à s'unir dans l'action pour libérer la France.

Sanctions prises à l'encontre de Gaulle.

Continuons avec les effets de **Ketu** et de **Shani**. Par sa progression, le seigneur **Ketu** se trouve en palais 6 (*ennemis, ennui*) du 22/5/1940 au 22/8/1940. Remarquez de nouveau les regards des deux divinités maléfiques sur le palais 10. Les actions de De Gaulle à Londres se font sans aucun ordre de mission. Le 19/6/1940, on lui donne l'ordre de revenir de Londres et le 22/6/1940 sa promotion au grade de général est annulée. Le 23/6/1940, le président de la République Albert Lebrun prend un decret décidant de mettre le colonel De Gaulle à la retraite par mesure disciplinaire, et de le traduire devant le Conseil de guerre, qui le condamne le 4/7/1940 à quatre ans de prison et à la perte de sa nationalité française. Le 2/8/1940, de Gaulle est condamné à mort par contumace par le tribunal militaire siégeant à Clermont-Ferrand, dégradation militaire et confiscation de ses biens meubles et immeubles.

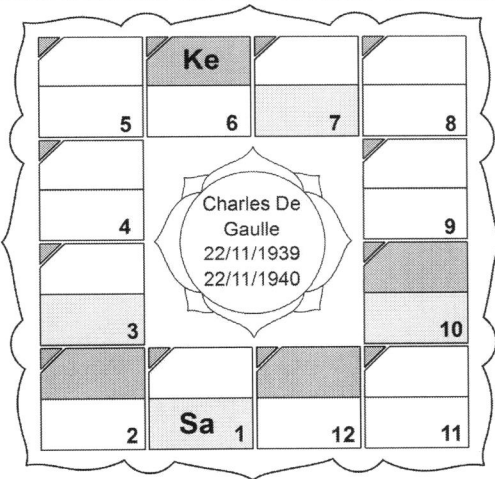

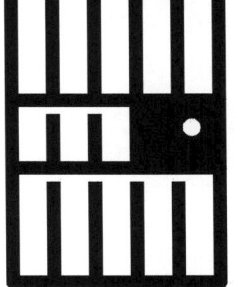

La numérologie des cycles

Vous voyez que d'une nomination au gouvernement il y a seulement moins de deux mois, on arrive à une condamnation à mort ! **Ketu** et **Shani** œuvrent contre le consultant au niveau matériel. Elles activent également les dettes karmiques.

Président de la Ve République

Le dimanche 21/12/1958, le général de Gaulle est élu président de la République.

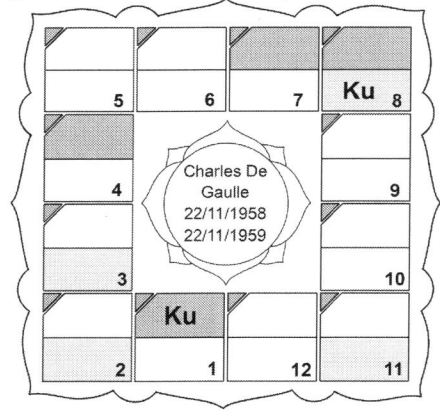

⇐ Nous voyons ici que le seigneur du palais 1 (*Kuja*) est mis à l'honneur deux fois. Ce qui fait dire que la période est ici centrée sur la personnalité. Mais lorsqu'une même divinité agit sur les deux plans (*année et grand cycle*), cela accentue celle-ci. Étant **Kuja** (*la force, le combat*) il a du prendre des décisions rapides, parfois sans écouter les autres ce qui à du ammener des inimitiés féroces. Le palais 8 amène des bouleversements. Il engage de difficiles mesures pour revitaliser le pays.

"*Refusant la domination des États-Unis comme de l'URSS, il défend une France indépendante*"

"*Il obtient de l'Assemblée de pouvoir gouverner par ordonnance, sans passer par les députés.*"

Mots clés de **Kuja** : s'affirmer, l'obstination.

"Il mit en place un régime présidentiel selon ses vœux, qui donnait au chef du pouvoir exécutif le droit de dissoudre l'assemblée législative au cas où elle lui ferait obstacle."
Kuja impose par la force et la détermination.
Sa démission
Au référendum du 27/4/1969, mettant tout son poids dans le référendum, il annonça à l'avance son intention de démissionner en cas de victoire du " non " ce qui arriva !
Le 28/4/1969, un communiqué laconique tombe : *" Je cesse d'exercer mes fonctions de président de la République. Cette décision prend effet aujourd'hui à midi. "*.

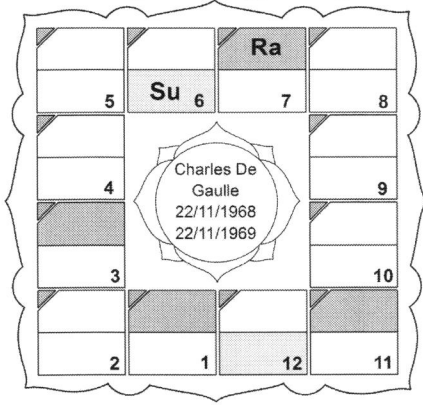

⇐ **Surya** le seigneur du palais 10 (*statut professionnel*) se trouve en palais 6 (*compétition*) et en palais brillant. Il espérait par une menace de démission, faire basculer le vote vers le oui. Ici, le seigneur **Surya** est en palais brillant, ce qui lui donne une volonté de réussir, du charisme, une confiance (*aveugle, exagérée*) en lui, mais il est en palais 6 (*maléfique*) ce qui fait ressortir l'orgueil et la prétention qui se retourne contre lui et surtout que le seigneur **Surya** gouverne le palais 10, la profession, le statut. Une divinité en palais maléfique abîme le palais qu'elle représente et aussi ses attributs. **Surya** gouvernant le palais 10 en palais maléfique, et le pouvoir, la profession, le statut est déstabilisé ou arrêté. **Surya** gouverne la réputation, le charisme, la force de caractère et l'ambition, tout cela se transforme en son contraire ou bien fait défaut.

N'oublions pas le seigneur du grand cycle **Rahu** (*ambition, manipulaion, domination*) qui abîme le palais 11 (*désirs* et *appuis*) et le palais 1 (*personnalité*) entretenant l'entêtement et l'illusion que tout peut durer éternellement et croire que nous sommes ce que l'on a façonné dans cette incarnation !

La vanité de l'orgueil expose à la honte.
Proverbe hindou

Mallaury Nataf

Mallaury Nataf, est une comédienne et chanteuse française, qui jouait dans un feuilleton populaire dans les années 90 intitulé, "Le miel et les abeilles" réunissant environ 3 millions de téléspectateurs et qui devint SDF en perdant tout, ainsi que la garde de ses enfants. Nous allons voir ses cycles de l'apogée à la descente.

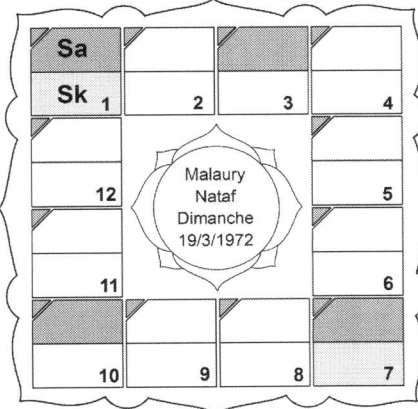

⇐ Elle est née le dimanche 19/3/1972. Son palais 1 est le signe des Poissons. Son 1er seigneur de l'année à la naissance se trouve être **Shukra** en palais brillant. Ce qui montre un peu ce qu'elle deviendra.

Le signe des Poissons:

Sensible, rêveur, introverti, empathique, mystique, psychique, sacrifice personnel, vague, romantique.

Nakshatra ✷ **26 (Uttarâbhâdrapada)** *Gouverné par:* **Shani** (^_^) Sensible, charitable, généreux, plein de tact, timide, vertueux, méditatif, spirituel; tendance à vivre retiré; le domaine spirituel est important, la méditation (ou la voyance) est favorisée; succès sur les ennemis.

(>_<) Les excès des qualités ; évoque un retard si décision hâtive, l'argent risque d'être dépensé aussi vite que gagné, exaltation spirituelle.

Vous voyez que la partie spirituelle est importante pour la Nakshatra **26 (Uttarâbhâdrapada).** En voici deux exemples:

Auprès de Télé Star[33] en juin 2019, le producteur Jean-Luc Azoulay livrait son sentiment sur l'expérience de Mallaury Nataf dans la rue.

"Je pense qu'elle a voulu faire une sorte de voyage spirituel, initiatique, en dehors de la société. Quelques années avant, on dînait de temps en temps ensemble avec les autres comédiens. Elle nous offrait toujours un petit cadeau, des bouquins de sagesse hindoue, des petites amulettes pour nous protéger. Elle m'a toujours surpris."

*

Mallaury Nataf s'exprimant sur son ancien compagnon Abraham Gabay.

"Nos relations étaient empreintes de plaisir et de spiritualité,.."

Vous voyez que la Nakshatra dévoile une personalité méconue ou cachée du consultant.

---

[33] Magazine de programme TV

Le seigneur du grand cycle

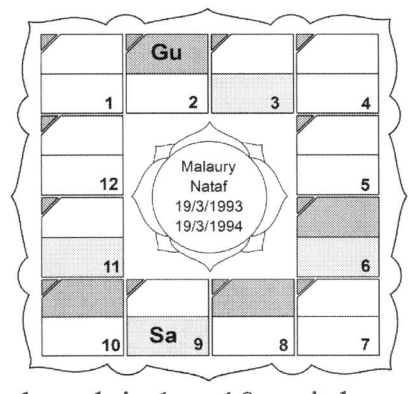

Son succès principal fut la série *"Le miel et les abeilles"* qui rencontre un succès d'audience, réunissant plus de 3 millions de téléspectateurs, entre 1993 et 1995. Voyons les cycles de cette époque: Ici son cycle à 21 ans du 19/3/1993 au 19/31994. Le grand cycle est **Guru**, seigneur du palais 1 et 10, soit la personnalité et le travail qui sera mis en avant. **Guru** active bénéfiquement le palais 2 (*l'argent du consultant, la famille*) le palais 6 (*la santé*[34]) le palais 8 (*évènement soudain et inattendu*) et le palais 10 (*le travail*). Le seigneur **Guru** pour Mallaury est très bénéfique car seigneur de deux palais bénéfiques, étant aussi une divinité bénéfique naturelle. Ce grand cycle de **Guru** commença le 19/3/1988 pour une durée six ans, il est en 1993 dans sa sixième et dernière année. Le seigneur de l'année **Shani**, gouverne un palais bénéfique (*palais 11*) et maléfique (*palais 12*). Il active le palais 9 (*chance*) le palais 11 (*les revenus, les amis*), le palais 3 (*communication, déplacement*), le palais 6 (*Santé, ennemie*). Il se peut que le palais 6 ici à du donner des ennuis de santé comme la fatigue, baisse de régime, mais surmonté par le seigneur **Guru**. Les gains ont dû être substantiels pour elle, mais

---

[34] Le palais 6 est la maladie, mais si ce palais est regardé par une divinité bénéfique cela favorise la santé.

Shani regardant aussi le palais 11, il fallait travailler dur. N'oublions pas qu'une divinité ne nuit pas à son palais, mais agis tout de même selon sa nature fondamentale.

Guru, seigneur du palais 1 (*personnalité*) lui donne une mise en avant, un charisme et une affection par le public. **Guru** donne de l'ampleur ou de l'exagération. Elle a dû en "jouer" et c'est un peu normal lorsque l'on fait un métier public. À cette date Mallaury à 21 ans, ce qui est jeune lorsque que le succès vous tombe dessus.

À la même époque fin 1993, Mallaury Nataf se lance dans la chanson et tourne deux films. On voit que ce qu'elle entreprend réussit. Ce **Guru** donne l'envie de réussir. Mais nous arrivons à la fin du cycle agréable de **Guru** qui dura six ans et le 19/3/1994, démarre le cycle de **Surya** qui est maléfique, mais qui surtout gouverne un palais maléfique, le palais 6.

ce que l'homme ne veut pas apprendre par la sagesse, il l'apprendra par la douleur.

Maitre Melkisedech

Le seigneur du grand cycle

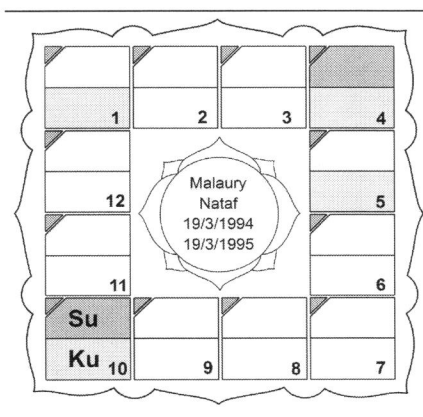

⇐ En mai 1994, Mallaury Nataf chante son titre *"Fleur sauvage"*, lors du Jacky Show. Mais sa prestation fut surtout remarquée, car elle ne portait qu'un collant transparent sous sa jupe. Les images de sa nudité ont été par la suite relayées par Canal+, et le magazine "Entrevue" durant l'été 1994. Cette tenue, dans une émission de variétés destinée à un jeune public, suscite de nombreux échos dans les médias durant l'été 1994. Elle quitte la série "Le Miel et les Abeilles" à la rentrée. À ce moment le seigneur du grand cycle traverse le palais 12.

P	10	11	12	1	2	3	4	5	6	7	8	9
		1	2	3	4	5	6	7	8	9	10	11
Su	22	2	4	6	8	10	23	2	4	6	8	10
		3	6	9		3	6	9		3	6	9
		6		6		6		6		6		6
Dte	19/3/94	19/5/94	19/7/94	19/9/94	19/11/94	19/1/95	19/3/95	19/5/95	19/7/95	19/9/95	19/11/95	19/1/96

TF1 finit par suspendre sa diffusion au début de l'année 1995, alors que des épisodes n'avaient pas tous été diffusés. Que dire, si ce n'est que les deux années qui arrivent (*le grand cycle de Surya dure deux ans*) seront difficiles, car **Surya** est maléfique et gouverne un palais maléfique. remarquez également que pendant une année le seigneur

147

Kuja afflige le palais 10 (*professionnel*) et gouverne le palais 9 (*le palais 9 indique la perte de la profession*). Ces deux divinités sont de la caste **Kshatriya,** des guerriers. **Surya** et **Kuja** regardent le palais 4 (*mental*), l'épreuve fut cuisante pour elle. Du 19/3/1996 au 19/3/1997, le grand cycle est gouverné par **Chandra**, seigneur du palais 5, mais aussi le seigneur de l'année est **Chandra**. Celui-ci apporte de l'instabilité, on change souvent, des évènements arrivent sans pouvoir vraiment les maitriser. Le seigneur de l'année se trouve en palais 12, cela peut donner une vue vers l'étranger, de tout perdre ou de se sentir exilé.

Le 2/2/2012, Mallaury Nataf se rend dans les locaux du journal "Le Parisien", afin de lancer un appel au secours : *"Je suis SDF depuis mars 2011, lorsque j'ai dû laisser mon compagnon, victime d'une rupture d'anévrisme, et quitter mon appartement."*

Elle dévoile qu'elle est SDF depuis le mois de mars 2011, et précise que ses trois enfants lui ont été retirés par l'aide sociale à l'enfance.

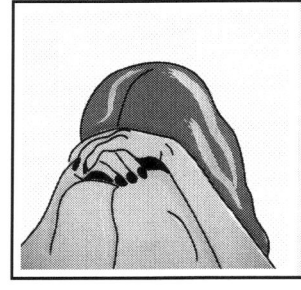

On oublie quelquefois le mal que l'on a souffert, jamais celui que l'on a fait.

Proverbe sanskrit

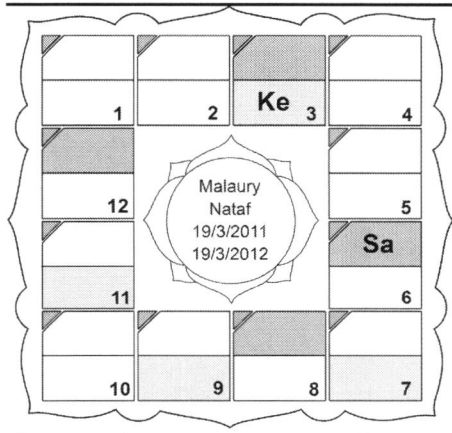

La période mars 2011 à mars 2012 est difficile pour Mallaury. **Ketu** est le seigneur de l'année en palais 3 (*mouvement, changement*) et afflige le palais 7 (*rupture d'anévrisme du compagnon*), le palais 9 (*Chance*) et le palais 11 (*les appuis*). Période de solitude ou l'ont doit faire face à des évènements brusques et soudains. Le grand cycle de **Shani** qui dure jusqu'au 19/3/2014 est aussi difficile, car il est seigneur du palais 12 (*exil, départ*). Il active aussi le palais 6 (*ennuis*) palais 8 (*évènement inattendu, danger*) palais 12 (*renoncement*) palais 3 (*déménagement*). Nous avons là deux divinités maléfiques qui officient pendant cette période. Le journal "Le Parisien" annonce que dans la nuit du 6 au 7 octobre 2012, elle est découverte par les forces de l'ordre dormant dans la rue avec son fils Shiloh, âgé de 3 ans, dont la garde lui est à nouveau retirée.

Le 31/8/2018, elle annonce ne plus être SDF depuis dix-huit mois et termine son autobiographie pour gagner un peu d'argent, selon son interview avec le magazine "Public".

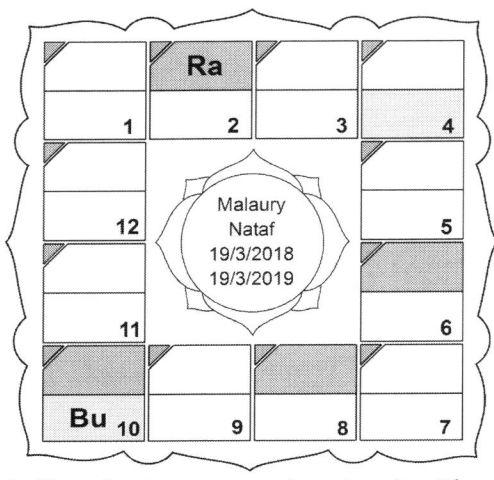

Mallauy Nataf active le grand cycle du seigneur **Rahu** du 19/3/2014 au 19/3/2020, qui peut lui donner l'envie de réussir et de l'ambition. Il active le palais 10 (*travail*). Le seigneur de l'année est **Budha** qui est bien placé en palais 10. **Budha** est le Karaka des écrits (*elle écrit ses mémoires*). Il regarde le palais 4 (*palais source*) qu'il renforce. Le palais 4 étant le mental et par extension sa mémoire (*souvenir*), elle exprime ce que le seigneur de l'année lui insuffle. Remarquez cette double influence sur le palais 10 qui lui remet le "pied à l'étrier".

Rahu est une divinité maléfique, mais est favorable pour l'ambition, la réussite, l'envie de s'en sortir. Le revers de la médaille est que la divinité nourrit une ambition exagérée, des tensions mentales, des jalousies, de surpasser les autres, des les manipuler, attrait pour la spiritualité sombre, etc.

On en veut toujours plus jusqu'à l'effondrement final si la sagesse ne nous guide pas et si nous oublions dans notre Cœur que **Rahu** nous maintient dans l'illusion de la matière.

Mais tout cela doit être consolidé, car le grand cycle suivant est celui du seigneur **Ketu** du 19/3/2020 au 19/3/2023. C'est une période difficile à passer. Le seigneur de l'année du

19/3/2020 - 19/3/2021 est également **Ketu** en palais 12 (*la fin d'un cycle*). Le 11/12/2020 le magazine closer, annonce que Mallaury Nataf est de nouveau SDF. Alors que tout se passait bien, elle a quitté subitement le tournage d'une série télévisée au début du premier confinement[35]

Le grand cycle suivant à partir de 51 ans (19/3/2023 - 19/32029) est gouverné par le seigneur **Guru**, pour une durée de six ans. Seigneur du palais 1 et 10, bénéfique naturel, le seigneur **Guru** sera donc très bénéfique pour Mallaury. En espérant que sa situation s'améliore.

Shani, **Rahu** et **Ketu** ont un lien avec le Karma. **Shani** est nommé en Inde "Karma Karaka" c'est-à-dire le signifiant du Karma. **Rahu** et **Ketu** réactive chez le consultant des mémoires de vie antérieur. Le palais 9 à un lien fort avec le Karma.

La vie n'est pas faite pour amasser des richesses matérielles, mais des richesses spirituelles. La matière est un outil ou un support à l'âme pour apprendre, c'est comme si un ouvrier nouerait un lien charnel à ses outils toute sa vie.

---

[35] La date du premier confinement liés à la pandémie de Covid-19 en France est le 17/3/2020.

Christopher Reeve

Nous allons prendre comme exemple Christopher Reeve. (*L'acteur du film Superman*)[36]

Né le 25/9/1952, nous allons calculer son seigneur du grand cycle pendant l'année **1994**, c'est-à-dire du 25/9/1994 au 25/9/1995. Mais voyons ce qui s'est passé pendant cette année.

Le signe de la Jeune-Fille: Timide, réservé, pratique, économe, hypocondriaque, pointilleux, perfectionniste, critique, inquiet.

Nakshatra ✶ **13 (Hasta)** *Gouverné par:* **Chandra**.

(^_^) Envie d'agir, esprit inventif, subtil, le travail journalier ou routinier, débrouillard, travailleur, peu ambitieux, au service des autres que patron dans l'âme, doué pour le commerce, érudit (mais avec un savoir technique ou pratique) ; aime le travail.

(>_<) Rusé, une conscience un peu fragile («élastique», mouvante), fuyante et peu fiable; mauvaise relation avec la famille, indice d'indélicatesse, voire de vol.

En 1994, Christopher Reeve achète Eastern "Buck" Express, un cheval de douze ans, lors d'un tournage, et l'entraîne pour des compétitions où il reçoit de nombreux

---

[36] Déjà étudier dans le livre le seigneur de l'année.

prix.

Le 27 mai 1995, Buck manque un saut d'obstacle et son cavalier est désarçonné. En tombant lourdement au sol du haut de son 1 mètre 93, l'acteur se brise deux vertèbres cervicales et sa moelle épinière est sectionnée. Cet accident le laisse tétraplégique. Dans les jours qui suivent l'accident, il souffre de delirium et pense au suicide...

"Mes chances de survivre à l'opération pour rattacher ma tête à la colonne vertébrale étaient au mieux de 50-50", écrivait-il des années plus tard dans un livre intitulé: Rien n'est impossible".

le personnel devait après son accident se succéder nuit et jour à son chevet pour l'assister dans les gestes les plus élémentaires de la vie.

En d'autres termes, il est paralysé des épaules aux pieds et dépend d'un respirateur artificiel. Il ne peut bouger que la tête rattachée à la colonne vertébrale après une longue opération.

La numérologie des cycles

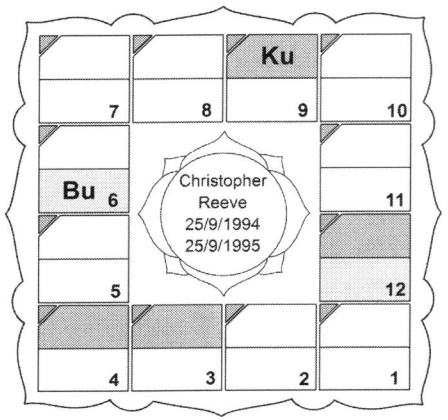

Le grand cycle est gouverné par **Kuja** (*40 ans - 46 ans*). À la date de l'accident, il se trouve dans sa troisième année. Ce cycle qui dure 6 ans est difficile, car **Kuja** est le seigneur de la guerre. Il est ici plus agressif, car il gouverne le palais 8 (*danger*) et le palais 3 (*palais instable*).

On remarque que les deux divinités activent le palais 12, (*Privation, perte, danger, épreuves, hospitalisations*). **Kuja** étant seigneur du palais 8 (*Danger, accident, crise*) et du palais 3 (*Déplacement, changement, courage*) il faut s'attendre à des transformations et des changements dans sa vie. Lorsque deux divinités activent un même palais, le secteur concerné de la vie du consultant est mis en lumière. Ici le palais 12 est activé deux fois par une divinité maléfique (*Kuja*) et une divinité changeante (*Budha*). Ici le seigneur **Budha** est faible, car il se trouve dans un palais maléfique, tandis que le seigneur **Kuja** se positionne dans un palais bénéfique, cela altère une partie de sa nocivité. **Budha** gouverne entre autres: l'intellect, l'habileté, le mouvement, les déplacements. Ces matières seront donc abîmées, qui peuvent se traduire par des désordres nerveux, dépression, de l'instabilité, des déplacements ou des déménagements désagréables. Le seigneur **Kuja** gouverne

dans le corps la moelle épinière et le système musculaire.
Synthèse: Le consultant risque un accident, d'être malade, ou d'une intervention chirurgicale. Des luttes et des efforts sont à craindre pendant l'année et aussi rupture avec certaines personnes (*palais 6*). S'il y a une compétition, prendre le moindre risque (*palais 6*). Il y a danger d'hospitalisation (*palais 12*), ne pas prendre de risque, car la chance n'est pas au rendez-vous (*palais 9*). Le mental (*palais 4*) risque d'être agressif et à l'auto-destruction (*il pensa à se suicider*). Les déplacements se feront avec prudence et intelligence Risques d'accidents de toute nature, en particulier lors de déplacements. (*palais 3*). **Budha** est le Karaka des déplacements et **Kuja**[37] gouverne le palais 3.

Kuja Spirituel: La dissolution par la mort physique, le renouvellement, le chaos qui annihile l'ancien, quand il n'a plus sa raison d'être dans son évolution.

Ku
↑↓
Bu

Le seigneur de l'année interfère sur le seigneur du grand cycle et vice versa. Les effets du seigneur de l'année sont souvent plus perceptibles au consultant que le seigneur du grand cycle. **Kuja** gouverne le palais 3 et le palais 8 ce qui se traduit par des transformations. **Budha** en palais 6: accident. (*Un accident qui transforma sa vie!*).

---

[37] Le seigneur du mois au moment de l'accident était également Kuja !

Jean-Marc Morandini

⇐ Jean-Marc Morandini est né le jeudi 05/8/1965 à Marseille, est un animateur de radio, journaliste, présentateur de télévision et producteur français.

Source et photo: Wikipedia

Le signe du Crabe: Émotionnel, romantique, réactif, sensible, réceptif, intuitif, maternel, besoin de sécurité, dépendant.

Nakshatra ✦ **9 (Ashleshâ)** gouverné par: **Budha**.
(^_^) favorise l'élévation mentale et l'énergie, éloquent, habile, rusé, la transmutation de la peur en courage.
(>_<) manque de franchise, risque d'avarice, déception, égoïste, ingrat, dur, asocial, versatile, malhonnête; indice de rupture familiale, professionnelle ou de tous ordres, désillusions.

Un rappel des faits:
À l'été 2016, une plainte est déposée contre lui par trois comédiens pour "harcèlement sexuel" et "travail dissimulé"
Fin juillet et début août 2016, le parquet de Paris ouvre deux enquêtes préliminaires à son encontre, l'une pour

"corruption de mineur" et l'autre pour "harcèlement sexuel et travail dissimulé".

Le 21/9/2016, il est mis en examen pour "corruption de mineur" aggravé et placé sous contrôle judiciaire.

En janvier 2017, l'enquête est classée sans suite, l'animateur demeure cependant mis en examen pour corruption de mineurs aggravée.

À l'été 2018, l'enquête pour "harcèlement sexuel" et "travail dissimulé" est relancée, à la suite d'une nouvelle plainte déposée par trois acteurs.

En août, une juge est désignée pour instruire l'affaire...

Nous voyons que les évènements s'enchainent assez rapidement d'ailleurs de 2016 à 2018 la période n'est pas favorable à M. Morandini. Voyons tout cela à la lumière de la numérologie des cycles.

Le grand cycle de M.Morandini ⇩

P	2	3	4	5	6	7	8	9	10	11	12	1
		1	2	3	4	5	6	7	8	9	10	11
		2	4	6	8	10		2	4	6	8	10
Ke	50	3	6	9	51	3	6	9	52	3	6	9
		6		6		6		6		6		6
Dte	5/8/15	5/11/15	5/2/16	5/5/16	5/8/16	5/11/16	5/2/17	5/5/17	5/8/17	5/11/17	5/2/18	5/5/18

La numérologie des cycles

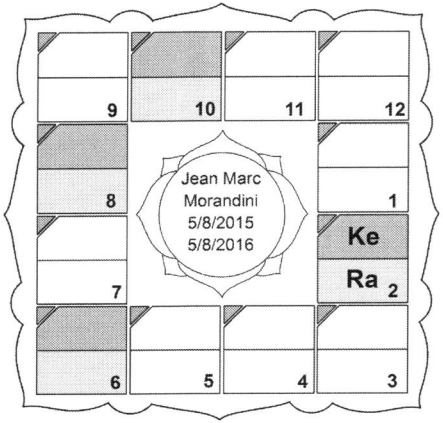

⇐ Les ennuis commencent au moment où débute le seigneur **Ketu** qui va durer trois ans du 5/8/2015 au 5/8/2018. Ici son Kundali pour l'année 2015/2016. Nous voyons deux divinités maléfiques qui agissent ensemble, **Rahu** et **Ketu** et sur les mêmes palais.

Le palais 10 (*Statut*) est fortement abîmé et **Rahu** donne de l'acharnement au consultant accompagné de tension mentale. L'année suivante du 5/8/2016 au 5/8/2017, (*51 ans*) le grand cycle est toujours **Ketu** et le seigneur de l'année est **Budha**, gouvernant deux palais difficiles, le palais 3 et 12. Le seigneur **Budha** gouverne les papiers, les écrits, la jeunesse. La troisième et dernière année du grand cycle du seigneur **Ketu** se situe du 5/8/2017 au 5/8/2018 et nous voyons qu'une nouvelle plainte est déposée par trois acteurs.

Lorsque deux divinités maléfiques agissent simultanément, lors des cycles, ne prenez pas de risque, ne jouez pas avec le feu et faites le bien, sans quoi la sanction sera sans appel si "l'ombre" vous attire.

Le seigneur **Ketu** ne fera rien pour votre enrichissement personnel ce sera plutôt le contraire, profitez de sa régence pour retrouver un lien spirituel perdu.

Le seigneur du grand cycle

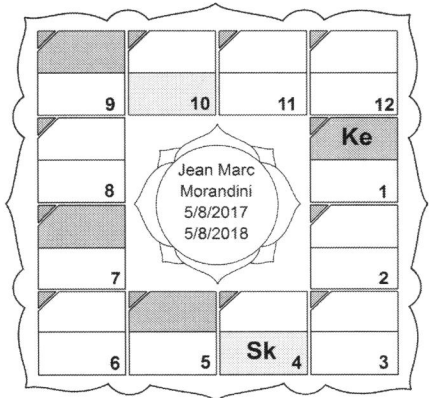

9	10	11	12
8	*Jean Marc Morandini 5/8/2017 5/8/2018*		1 **Ke**
7			2
6	5	**Sk** 4	3

⇐ Le 5/5/2018, **Ketu** se situe dans le palais 1, ce qui abîme celui-ci comme vous le savez. Vous observez que la divinité présidant l'année est **Shukra**, seigneur du palais 4 et 11. Cela va jouer un peu en sa faveur. Souvenez-vous que le palais 4 et le palais 7 sont des palais d'obstructions, mais le **Vedha** est annulé si la divinité se trouve en palais source, ce qui est le cas ici. **Shukra** étant une divinité féminine, une juge s'occupe de cette affaire ! À partir du 5/8/2018, le seigneur du grand cycle est **Guru** gouvernant le palais 6 (*ennui, ennemi, difficulté*) et le palais 9 (*affaire juridique, chance*). Le palais 9 et le seigneur **Guru** sont bénéfiques, il a sans doute structuré sa défense avec des conseillers, car **Guru** gouverne les conseils. En fonction de la progression du seigneur du grand cycle et du seigneur de l'année, cette période de six ans sera mi-figue mi-raisin.

Dernière nouvelle: Un an de prison avec sursis a été requis le lundi 24/10/2022.

Nous pouvons voir l'évolution d'une affaire juridique ou autre avec la numérologie des cycles, il suffit d'une date.

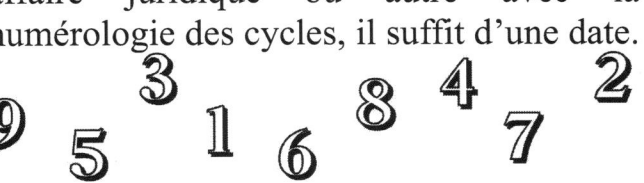

9 ³1 ⁸4 ²
 5   6 7

Maximilien Robespierre

⇐ Maximilien Robespierre, est un avocat et homme politique français né le 6/5/1758 et mort guillotiné le 28/7/1794 à Paris, place de la Révolution (*actuellement place de la Concorde*).

Son palais 1 de naissance est le signe du Bélier: Impulsif, rapide, spontané, impatient, enthousiaste, têtu, égoïste, aventureux, intrépide.

Nakshatra ✹ **2 (Bharini)** *Gouverné par:* **Shukra**

(^_^) Décidé, volontaire, heureux, têtu, habile, attachement à la famille, calme, stable, solide, déterminé, persévérant, fidèle, sens du devoir, **digne de confiance**, fier, courageux, aime les enfants (la matrice est associée à l'amour maternel). Triomphe sur les difficultés.

(>_<) Compulsion dans le **travail** (travail de façon acharné ou beaucoup trop), un trop grand contrôle de soi, va trop en avant.

Sa Nakshatra reflet de son caractère.

"Il milite au Club des Jacobins dont il prend la tête en avril 1790 grâce à sa réputation d'**intégrité**, qui lui vaut le surnom d'Incorruptible."

"Orphelin de mère à l'âge de 6 ans et abandonné par son père, il se réfugie dans le **travail**."

Le seigneur du grand cycle

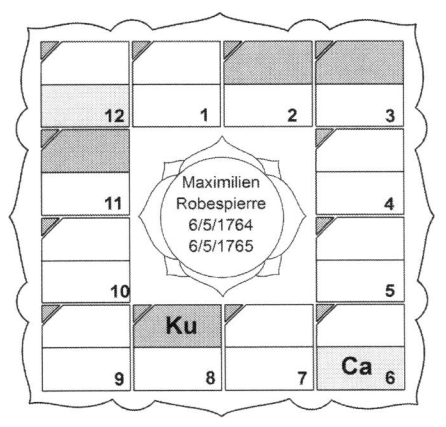

⇐ Son Kundali lorsqu'il perd sa mère à l'âge de six ans. Son père abandonne le foyer et dès lors, Maximilien est pris en charge par son grand-père maternel, un brasseur d'Arras, prospère et pieux. Vous voyez que **Chandra**, Karaka de la mère est en palais 6. C'est un palais maléfique, d'autant que **Chandra** gouverne le palais 4 qui signifie la mère. Quand **Chandra** gouverne l'année, elle cause très souvent des perturbations de tous ordres: l'instabilité émotionnelle, professionnelle, relationnelle, etc. Pour le grand cycle du seigneur **Kuja**, le seigneur du palais 1, se trouve lui aussi en palais maléfique, le palais 8. C'est un palais des bouleversements, des chagrins, des changements. Il abîme le palais 2 (*la famille*).

Chandra: La mère

Rappel
⇩
Mère: palais 4
Père: palais 9
Famille : Palais 2
Enfant : palais 5
Époux(se):Palais 7

Surya: Le père

La numérologie des cycles

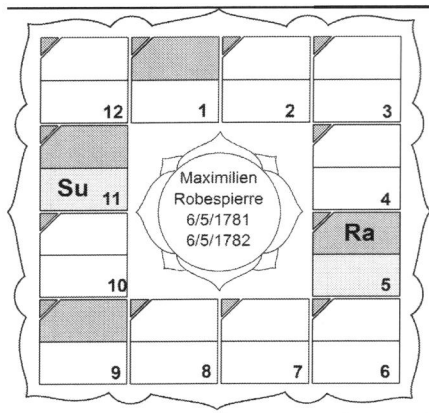

⇐ Après ses études, il devient avocat. Le 8/11/1781, il prête serment devant la Cour, il a 23 ans. Remarquez ce beau **Surya** en palais 11 (*réalisation des désirs*) qui est seigneur d'un palais très bénéfique, le palais 5. Ce palais est renforcé, car son seigneur le regarde.

Le seigneur du grand cycle est **Rahu**, qui vous le savez gouverne l'ambition. Il est aussi en palais 5 et regarde le palais 1 (*élément feu*), ce qui lui donne une forte volonté, trop forte sans doute, car il est intransigeant (*Lire sa Nakshatra*) comme l'était son père et vivote à Arras avec sa sœur Charlotte. Séduit par les écrits sentimentaux de Rousseau, introverti, studieux, il ne fréquente pas de femme et n'a guère d'amis. Il n'en est pas moins élégant jusqu'à la manie. N'oublions pas que Robespierre est le signe du Bélier et donc du seigneur **Kuja** et manifestement le Robespierre révolutionnaire commence à émerger. Réclamant une exemplarité pour ceux qui s'opposent à la Révolution, Robespierre se montre sous un nouveau jour. Mirabeau aura ce jugement lapidaire sur le jeune avocat :

" *Celui-là ira loin, il croit tout ce qu'il dit* ".

⇐ Mirabeau, écrivain et figure de la Révolution.

Le seigneur du grand cycle

Il est élu le 26/4/1789 à 30 ans, député aux États généraux qui s'ouvrent en mai 1789 à Versailles. Sa vie bascule.

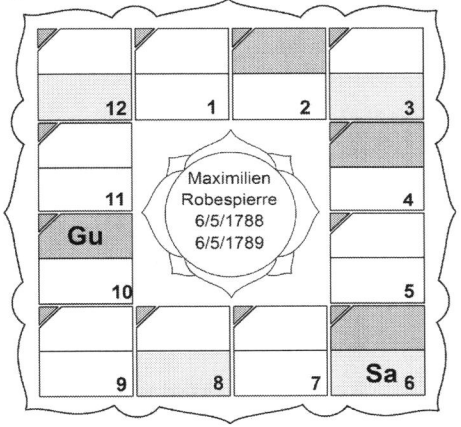

⇐ Le Kundali lors de son élection. Il est très intéressant, car il semble y avoir des contradictions. Le palais 10, la carrière professionnelle est abîmée, car son seigneur **Shani** par sa position en palais 6 est faible, le côté rigide et intransigeant qui ressort :

*"il se sentit soudain revêtu de toute l'autorité que donnait une souveraineté du peuple toute neuve, en même temps qu'investi d'une haute mission celle de régénérer la nation dans sa **structure**."* **Guru** qui se trouve en palais 10 se trouve aussi en palais terne et donc très faible, mais ici cela me donne l'occasion de vous dire que le soutien vient d'un concept nommé les "alliances" et dont nous parlerons dans un prochain livre. Le seigneur **Guru**, bien que très faible, fortifie tout de même le palais 10 ce qui lui vaut d'être député. Il gouverne le palais 9 (*chance*) et le palais 12 *(perte, exil)*, qui prendra la tournure du don de soi.[38] Le seigneur **Shani** lui apporte de par son placement en palais 6, des luttes et des ennemis tenaces dans sa carrière et une rigueur affirmée dans son engagement.

---

[38] Le palais 12 gouverne cette facette de l'être.

"Son détachement des plaisirs terrestres refroidit les opposants et lui vaut le qualificatif d'incorruptible défenseur du peuple".

Robespierre prend le pouvoir

Le peuple prend d'assaut les Tuileries (10/8/1792) afin d'obliger le roi à se réfugier à l'Assemblée législative. Maximilien a pris de plus en plus de pouvoir.(*Le grand cycle est Surya qui gouverne le palais 5*) Il est désormais écouté et respecté. Il prône la vertu et la morale. On l'accuse de prôner la dictature. Il faut dire que Robespierre milite pour le procès du roi.

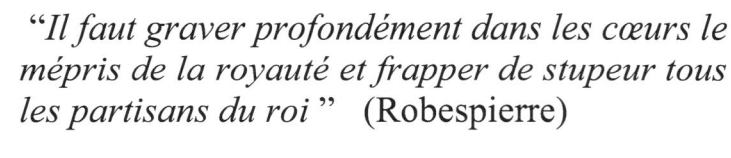

"Il faut graver profondément dans les cœurs le mépris de la royauté et frapper de stupeur tous les partisans du roi " (Robespierre)

Le 5/9/1792 ont lieu les premières élections pour la députation à la Convention nationale. Robespierre est le premier élu de Paris.

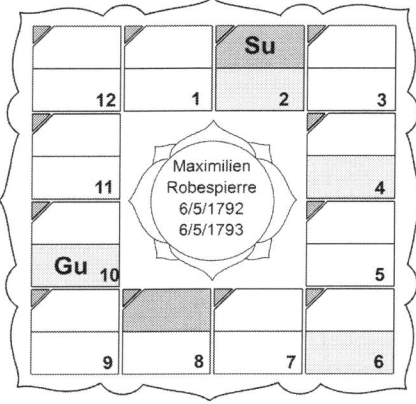

⇐ Voyons son Kundali à la date du 5/9/1792, il a 34 ans. Le palais 10 par la présence (*encore*) du seigneur **Guru** favorise son ascension (*il est le premier élu de Paris*). le grand cycle de **Surya**, seigneur d'un palais bénéfique, accentue cette ascension.

Remarquez aussi que le seigneur **Surya**, divinité bénéfique, car elle gouverne le palais 5, par sa progression se trouvait jusqu'au 5/8/1792 dans le signe du Bélier qui est le palais 1 (*personnalité*), mais également son palais brillant[39].

Mais les cycles tournent.

Le 27/7/1794, à 36 ans, Robespierre fut empêché de s'exprimer à la Convention et invectivé de toutes parts. On demanda le décret d'accusation contre lui. La proposition fut votée à main levée et Robespierre arrêté. Lors de cette arrestation mouvementée, Maximilien est gravement blessé à la mâchoire sans que l'on sache précisément si c'est le gendarme Charles-André Merda, qui lui a tiré dessus ou s'il s'agit d'une tentative de suicide. Robespierre fut condamné le lendemain sans procès et guillotiné.

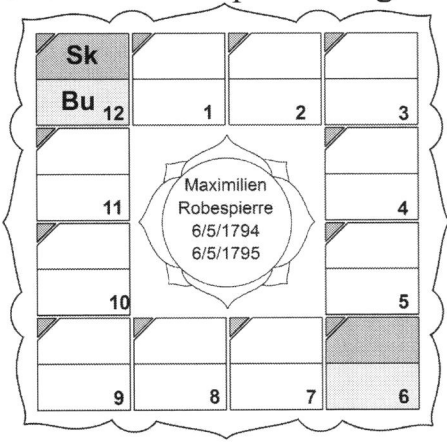

⇐ Son Kundali à cette époque. Observez qu'il commence un nouveau grand cycle avec **Shukra**, mais il démarre en palais 12 (*ennemi caché*), ce qui n'est pas favorable. **Shukra** gouverne le palais 7 (*les autres*), mais qui se retourne contre lui. Ces opposants (*palais 7*)

---

[39] Le seigneur du mois à la date de l'élection se trouve être aussi Surya en palais 1 et donc en palais brillant (Livre 3 le seigneur du mois).

représentés par **Shukra** se trouvent en palais brillant, ils sont donc puissants, exagérant sans doute les accusations faites contre lui. **Shukra** gouverne également le palais 2 (*la parole, comment je m'exprime*) qui avec cette configuration se retourne également contre lui. Le seigneur de l'année, **Budha** n'est pas non plus favorable à Robespierre de par sa position également en palais 12 et en palais terne. **Budha** gouverne le palais 3 et le palais 6, indiquant sa blessure à la mâchoire. Palais 6: (*blessure, ennemis, luttes*).

Le seigneur **Budha** est le Karaka du discours, de la prise de parole, qui de plus est le seigneur du palais 3, la communication, il aurait dû modérer ses "réquisitoires", car la configuration est difficile et chaque faux pas se retourne contre lui. Le jour même, il a tenu un discours lourd de menaces dénonçant une "ligue de fripons" mais sans donner de noms. On commence à craindre sa dictature de la vertu.

Pour information, le signe du Taureau et le palais 2 qui sont gouvernés par **Shukra** sont reliés... à la mâchoire !

"*est gravement blessé à la mâchoire...*"

Suicide ou accident ? N'oublions pas que Robespierre finit ici un cycle de 12 ans qui désagrège souvent l'ancien mode de vie, les relations, les habitudes, etc.

Le seigneur du grand cycle

On pourrait synthétiser ainsi:
Budha (*Karaka de la communication*) qui gouverne le palais 3 (*expression*), se trouve en palais 12 (*privation - perte*) et en palais terne (*extrêmement faible*) montre qu'il ne peut plus s'exprimer, sa mâchoire est brisée.
Shukra gouverne le palais 7 (*les opposants*) qui sont extrêmement fort (*palais brillant)* abîme et musèle **Budha** (*l'expression orale de Robespierre*) il est inaudible !
Shukra (*les opposants*) activent le palais 6 de Robespierre (*blessures, ennuis*).
Pour le cas de Robespierre, le grand cycle est **Shukra**, qui représente doublement pendant trois ans les relations par son Karaka mais également en gouvernant le palais 7 (*l'autre*). La couleur de son tableau durant ses trois ans est donc la relation à l'autre, qui sera agréable ou non en fonction du seigneur de l'année et de sa position.

ॐ
"Parler peu est précieux comme l'argent ; ne point parler est précieux comme l'or."
              Proverbe hindou

Édouard VIII

⇐ Edward Albert Christian George Andrew Patrick David, né le 23/6/1894 et mort le 28/5/1972 à 77 ans, fut roi du Royaume-Uni et des autres dominions du Commonwealth britannique et empereur des Indes du 20/1/1936 au 11/12/1936. (*moins d'un an!*) Abdication le 10/12/1936.

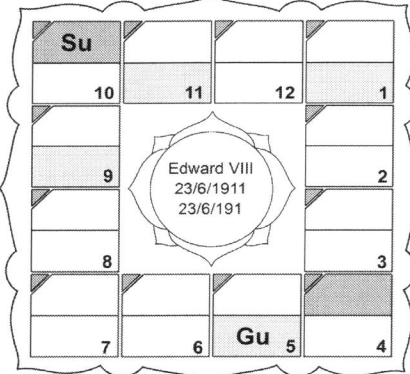

Voici un homme qui délaissa le trône d'Angleterre pour épouser une femme divorcée. Mais avant d'être roi, Edward devint officiellement prince de Galles lors d'une cérémonie spéciale au château de Caernarfon le 13/7/1911 à 17 ans. (*Kundali de gauche*)

Le seigneur **Surya** (*karaka du pouvoir*) active le palais 10 (*Pouvoir, statut*) Le seigneur **Guru**, seigneur du palais 10, se trouve en palais bénéfique (*palais 5*) et activant le palais 9 (*chance*), le palais 11 (*réalisation des désirs*) et le palais 1 (*personnalité*), la période est chanceuse.

Le seigneur du grand cycle

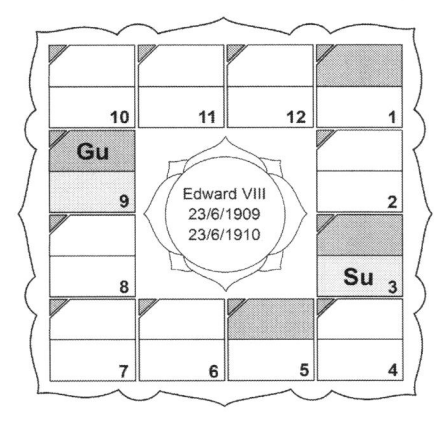

⇐ Lorsque son père monta sur le trône le 6 mai 1910, Edward devint automatiquement duc de Cornouailles et de Rothesay. Nous allons voir ici, à travers le Kundali d'Edward, l'ascension du père. Le père est toujours représenté par **Surya**, le palais 9 et son seigneur.

Nous voyons ici que le palais 9 est doublement activé par **Surya**, le karaka du pouvoir et du père, et par le seigneur **Guru**, doublement bénéfique, car bénéfique naturel et aussi car il gouverne des palais bénéfiques. Le palais 9 ainsi favorisé, profite au père du consultant. Nous sommes ici dans une famille royale, **Surya** en palais source, donc puissant, favorise le pouvoir et l'autorité. Je rappelle ici que c'est le palais 7 qui cause des obstructions et non pas son seigneur. Vous voyez qu'à travers le Kundali du fils, nous observons l'évolution du père. Notons tout de même que le seigneur **Surya** gouverne un palais instable, cela a dû changer ses habitudes et de l'instabilité a dû apparaître chez le jeune Edward, mais étant également son palais source, tout cela tient la route.

⇧ Le père Georges V

Il fut investi prince de Galles à 16 ans le 23/6/1910 et les préparatifs se mirent en place pour ses futures missions en tant que roi. Ses études furent arrêtées avant leur terme formel, et il passa trois mois en tant qu'aspirant à bord d'un cuirassé avant d'intégrer le Magdalen College d'Oxford, pour lequel, selon l'opinion de ses biographes, il n'était pas intellectuellement préparé. Il quitta Oxford sans aucun diplôme. Ici, nous voyons que les deux divinité sont en palais Vedha et **Chandra** est abîmé par **Surya** qui gouverne un palais instable. Souvenez-vous que lorsque le seigneur **Chandra** officie, tout est instable. *"Il n'était pas intellectuellement préparé"* **Chandra** gouverne le mental. Reportez-vous à la psychologie de **Chandra**. Le palais 4 représente les études, ce palais est donc ici abimé par le seigneur d'un palais instable (*Surya*) et une divinié instable (*Chandra*) *."Il quitta Oxford sans aucun diplôme."* Chandra qui gouverne Le palais 2 (*l'instruction*) est en palais Vedha.

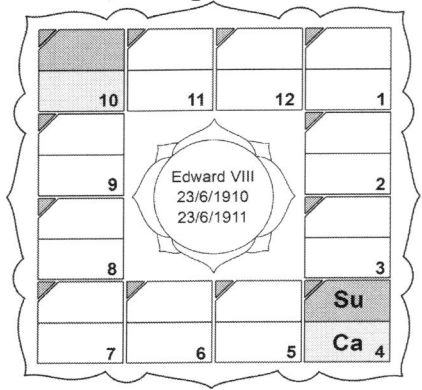

Le seigneur du grand cycle

George V (*son père*) mourut le 20/1/1936 et Edward monta sur le trône sous le nom d'Édouard VIII. Voyons son cycle à cette époque. Son Kundali lors de l'accession au trône d'Angleterre. Remarquez le seigneur **Rahu** (*ambition*) en palais 11 (*Souhait du consultant*). Le seigneur **Kuja** qui gouverne le palais 11 (*Réalisation des désir*s) se trouve être en palais 5, un palais bénéfique, mais **Kuja** agit aussi par sa nature naturelle. Le lendemain, il brisa le protocole royal en regardant la proclamation de son accession au trône depuis une fenêtre en compagnie de Wallis Simpson, qui était toujours mariée. Le seigneur **Rahu** gouverne les actes marginaux ! On ne fait pas les choses comme les autres. Le palais 5 (*romance, amour*) est activé deux fois, mais par des maléfiques naturelles. **Kuja** lui apporte le courage (l'*impolitesse ?*) de s'afficher avec sa maitresse et **Rahu** des actes anticonformistes. N'oublions pas que **Kuja** gouverne le palais 6 (*ennui, problème, dispute*). Le 23/7/1936, Edward entre dans le grand cycle du seigneur **Ketu**, les ennuis commencent.

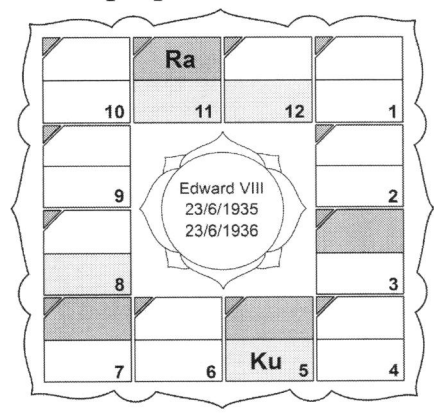

Le 16/7/1936, un escroc irlandais appelé Jerome Bannigan, dégaina un revolver chargé alors qu'Édouard descendait à cheval près du palais de Buckingham. La police repéra l'arme et il fut rapidement arrêté. Le 16/11/1936, Édouard VIII exprima son désir d'épouser Wallis Simpson une fois divorcée, au premier ministre britannique. Il répondit que ses sujets considéreraient que le mariage serait moralement inacceptable, en grande partie parce que le divorce n'était pas accepté par l'Église d'Angleterre et que les gens ne toléreraient pas Wallis comme reine. Ces évènements se produisent lorsque **Surya** (*Pouvoir*) se trouve en palais 6.

Lorsque le seigneur **Ketu** et dans une moindre mesure le seigneur **Rahu**, agissent, tout est flou, nébuleux, on imagine des scénarios ou bien des situations invraisemblables que les autres trouvent ahurissants, sauf le consultant. En voici un autre : Édouard VIII proposa la solution alternative d'un mariage morganatique[40] par lequel il deviendrait roi sans que Wallis Simpson devienne reine. Elle aurait un titre de rang inférieur et aucun des enfants qu'ils auraient ne pourrait revendiquer le trône. Cette proposition fut rejetée par le cabinet britannique. Voyons pour clore sur Edward VIII, son abdication. Édouard VIII signa les actes d'abdication à Fort Belvedere le 10/12/1936 en présence de ses trois frères. Le lendemain, le dernier acte de son règne fut la sanction royale de sa déclaration d'abdication.

⇧Wallis Simpson

---

[40] Qualifie le mariage d'un prince avec une femme de rang inférieur. Considérés comme des parias, Édouard et Wallis fuiront l'Angleterre, il finira par l'épouser le 3/6/1937 en France.

Le seigneur du grand cycle

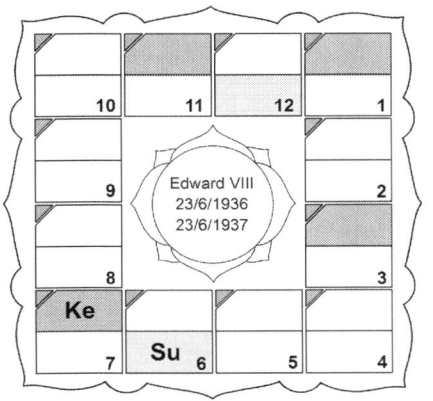

⇐ Nous voyons ici les effets du seigneur **Ketu**, qui semble difficile pour ceux qui ont le pouvoir. **Surya** le karaka du pouvoir est en palais 6 et regarde le palais 12. **Ketu** afflige le palais 7, hostilité des autres envers le consultant, le palais 11, ses désirs et soutiens qu'il pouvait attendre, passe à la trappe. Le palais 1, la santé, la personnalité et le palais 3 (*la communication, les frères et les sœurs, l'entourage*), la communication qui a du mal passé. Notez le Karaka de la royauté (*Surya*) en palais 6.

Dans la nuit du 11/12/1936, Edward maintenant redevenu prince prononça une allocution radiophonique à la nation et à l'Empire pour expliquer sa décision d'abdiquer. Il déclara notamment:

"J'ai estimé impossible de porter le lourd fardeau de responsabilités et de remplir les devoirs qui m'incombent en tant que roi sans l'aide et le secours de la femme que j'aime".

Son frère, le prince Albert d'York, monta sur le trône sous le nom de George VI tandis que la fille aînée de ce dernier, la princesse Élisabeth[41], devenait la première dans l'ordre de succession.

---

[41] Future reine Élisabeth II, elle déclara, "Les deux personnes qui m'ont causé le plus de problèmes dans ma vie sont Wallis Simpson et Hitler."

La numérologie des cycles

Date de la consultation: 10/12/1936

Nom: Abdication d'Edward VIII

Date de naissance: 23/06/1894

Age: 42

du: 23/06/1936   *au:* 23/06/1937

Di	Lu	Ma	Me	Je	Ve	Sa
1	2	9	5	3	6	(8)

J.de.S	8
Jour	23
Mois	6
Année	36
Total	73
DEVA	Su

1	2	3	6
Ca	Su	Sk	Gu
	Bu	Ke	Ra
			Sa
			Ku

Diagramme (carré astrologique) :
- 10, 11, 12, 1
- 9, [Om], 2
- Ke, 8, [Om], 3
- 7, Su 6, 5, 4

P	6	7	8	9	10	11	12	1	2	3	4	5
		1	2	3	4	5	6	7	8	9	10	11
		2	4	6	8	10		2	4	6	8	10
Ke	42	3	6	9	43	3	6	9	44	3	6	9
		6		6		6		6		6		6
Dte→	23/6 1936	23/9	23/12	23/3 1937	23/6	23/9	23/12	23/3 1938	23/6	23/9	23/12	23/3 1939

174

Le seigneur du grand cycle

À la page précédente, la fiche témoin de l'abdication d'Edward VIII. Vous remarquez qu'elle est sensiblement différente du livre du seigneur de l'année. Si cela vous semble difficile au début de visualiser les regards des divinités, vous pouvez coloriser les palais ou dessiner des symboles sur les palais activés, un carré ☐ pour le grand cycle et un cercle ○ pour le seigneur de l'année ou bien encore des flèches (*bleu pour le grand.cycle, vert pour Seigneur de l'année par exemple*). Cela vous permettra au début de bien visualiser l'impact des divinités sur les palais.

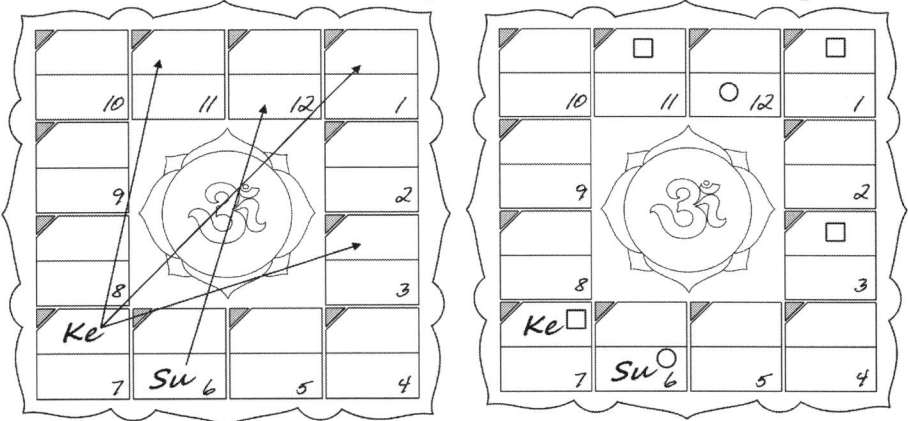

Avec le temps, les regards des divinités deviendront naturels et vous apprendrez à vous passer de ces aides, du fait qu'un Kundali lumineux et clair éveille l'intuition.

Voyons voir si une convergence karmique s'y trouve en la personne de Wallis Simson lors de l'abdication d'Edward VIII le 10/12/1936.

La numérologie des cycles

10	11	12	1
9	Wallis Simson 12/6/1936 12/6/1937		2
Ku			
8			3
7	6	5	Sk 4

10	11	12	1
9	Edward VIII 23/6/1936 23/6/1937		2
8			3
Ke			
7	Su 6	5	4

Wallis Simson ⇧   Edward VIII ⇧

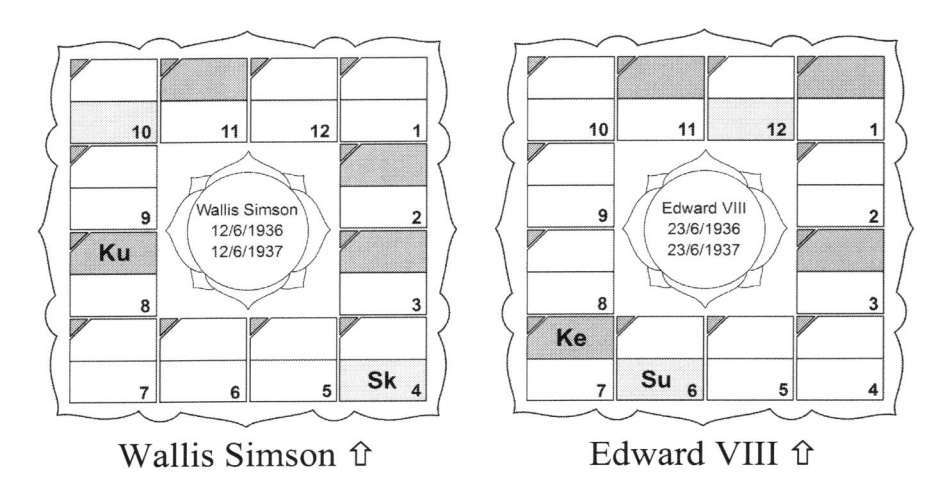

Ils sont tous les deux du signe du couple (*superficiel, volage, hésitant, nerveux*), et de l'élément air. Remarquez aussi que **Shukra**, seigneur du palais 12 (*perte*) de Wallis, regarde le palais 10 (*le statut, le pouvoir*) d'Edward. **Shukra** se trouve être en palais terne et en palais **Vedha** (*Perte du trône à cause d'un amour ?*) cela signifie aussi que son amour pour Edward est descendu d'un cran ! Le **Kuja** de Wallis est puissant, car il est en palais brillant et il afflige le palais 11 d'Edward (*ses aspirations*). Dans le Kundali d'Edward, c'est le seigneur **Ketu** qui afflige le palais 1 de Wallis. Cette abdication ruine leurs espoirs communs. Un destin lié par des convergences karmiques.

Le grand cycle du seigneur **Ketu** réapparaît 35 ans plus tard pour Edward, qui débuta le 23/6/1971 et le 28/5/1972, lorsque **Ketu** se trouve en palais 8, il meurt dans sa résidence de Paris à l'âge de 77ans.

Benito Mussolini

⇐ Benito Mussolini est né le dimanche 29/7/1883.

Fils de forgeron, fondateur du fascisme, il devint chef de l'État de la République sociale italienne (RSI) de septembre 1943 à avril 1945. Surnommé le *"Duce"*, signifiant "Chef" ou "Guide".

Série d'attentats. Voyons quelques dates:
Mussolini active le grand cycle du seigneur **Rahu** du 29/7/1925 au 29/7/1931.

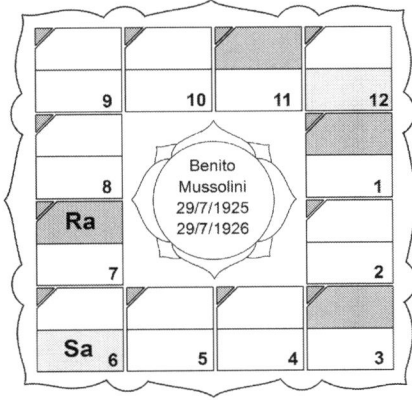

⇐ Le 7/4/1926, Violet Gibson, une Irlandaise présentée comme déséquilibrée, tire un coup de feu en direction de Mussolini, le manquant de peu. Nous voyons ici, deux divinités maléfiques, **Rahu** se trouvant en palais 7, regardant le palais 1, donc dangereux pour le corps physique et **Shani** seigneur du palais 8 (*évènement soudain*) et activant le palais 6 (*blessure*).

La numérologie des cycles

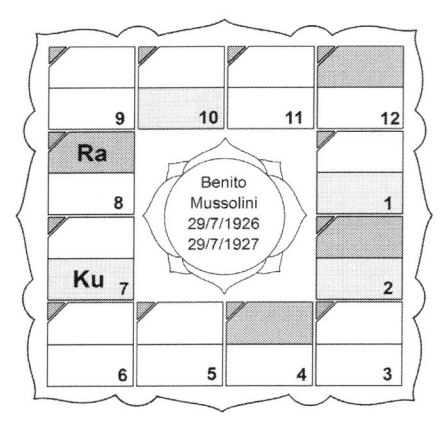

⇐ Le 11/9/1926, l'anarchiste Gino Lucetti lance un engin explosif vers la voiture du président du Conseil. La bombe rebondit sur la portière de la voiture et explose dans la rue, blessant huit personnes. Toujours ce regard sur le palais 1 mais cette fois-çi, par le seigneur **Kuja**, en palais Vedha. Nous voyons que le seigneur **Rahu** passe en palais 8 (*évènement soudain, danger, accident*).

Nous verrons plus loin que lors de son exécution en 1945, le seigneur **Kuja** se trouvait dans le palais 1.

Gino Lucetti né le 31/8/1900

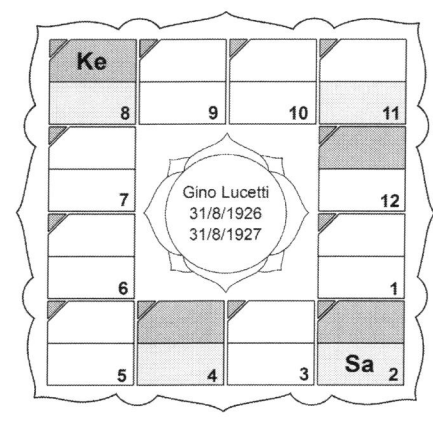

⇐ Le Kundali de l'anarchiste Gino Lucetti lors de l'attentat. **Ketu** et **Shani** active doublement le palais 8 (*Bouleversement, danger, accident*). **Shani**, gouverne le palais 6 (*danger*), le pronostic est assuré. Il est arrêté et condamné aux travaux forcés à perpétuité.

Observez que le **Ketu** de l'anarchiste regarde le palais 1 de Mussolini.

Le soir du 31/10/1926, à Bologne, pendant la commémoration de la marche sur Rome, Anteo Zamboni, âgé de quinze ans, tire un coup de pistolet vers le chef du gouvernement, lui effleurant la poitrine. Identifié par les fascistes, il est lynché sur place par les chemises noires.

Pour ce nouvel attentat, le Kundali de Mussolini ne bouge pas, il est absolument identique au précédent. Nous voyons que la combinaison **Rahu** + **Kuja** est dangereuse pour Mussolini.

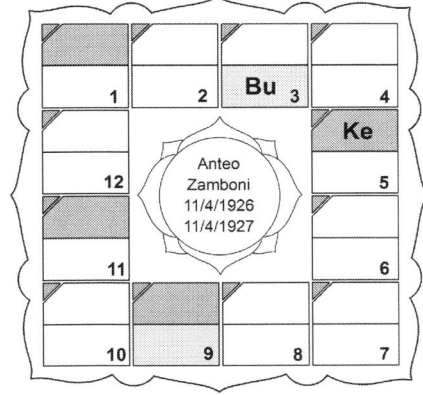

⇐ Le Kundali d'Anteo Zamboni né le 11/4/1911.

Ketu et là aussi actif. Remarquez que le **Ketu** de Zamboni regarde également le palais 1 de Mussolini, comme celui de Gino Lucetti. Le sort du jeune Antéo Zamboni âgé de quinze ans est plus violent que son prédécesseur,, Il est lynché sur place, après quoi son cadavre est traîné dans les rues de la ville et laissé deux jours sans sépulture. Le cadavre du jeune homme porte quatorze coups de poignard profonds, un impact de balle et diverses meurtrissures. Ici **Ketu** regarde son palais 1 (*physique*)

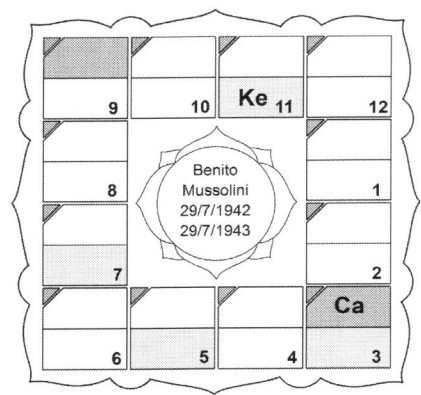

⇐ En novembre et en décembre 1942, Mussolini, abattu et dépressif, se laisse remplacer à deux réunions avec Hitler. Le 2 décembre, après dix-huit mois de silence, il revient parler au peuple italien depuis le Palais de Venise. **Chandra** en palais 3(*discours*). Le 24/7/1943 une session du Grand Conseil du fascisme se conclut par *"l'abandon des charges du gouvernement par Mussolini est demandé au profit du roi "*. Mussolini reste apathique, sans réaction. **Chandra** se trouve en palais 10 qu'il active et met donc en lumière sa "carrière", mais vous commencez à bien connaître les effets du seigneur **Chandra** (*instable*) et de **Ketu** abîmant le palais 11 (*les sympathisants*). Le grand cycle étant **Chandra**, fait qu'il traverse rapidement le Kundali, empêchant le consultant de se poser ou d'analyser les évènements. Mussolini, est détenu sur l'île de Ponza, (*à partir du 27 juillet*), puis sur l'île de La Maddalena en Sardaigne (*7 août - 27 août 1943*). Pendant cette période d'incarcération sur l'île de la Maddalena, le seigneur du grand cycle **Shukra** qui commence le 29/7/1943 et le seigneur de l'année **Shani** se trouve tous les deux en palais 12 ! (*emprisonnement*).
Le seigneur du mois également.

Fin tragique.

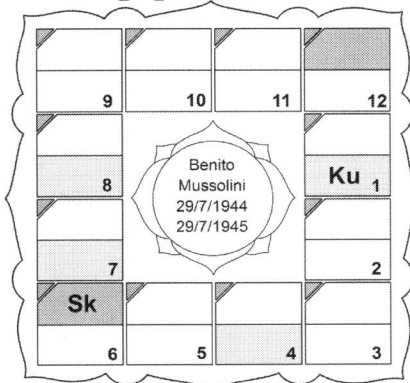

Mussolini et Clara Petacci sa maitresse sont fusillés le 28/4/1945. **Kuja** est sur le palais 1 (*blessure, violence*) et en palais terne tandis que **Shukra** active le palais 6 et le palais 12. Le palais terne peut indiquer ici une sorte de lassitude ou manque de courage

Voyons le Kundali de Clara Petacci le jour de son exécution, née le mercredi 28/2/1912. Remarquer la double activation du seigneur du palais 12 (*Shani*) activant doublement celui du palais 6 (*Ennemis*). Remarquez que le palais 6 de Clara est aussi le palais 1 de Mussolini et voyez comme le seigneur **Kuja** de Mussolini, regarde le seigneur du palais 1 de sa maitresse. Nous avons ici une convergence karmique. Contrairement à son amant, ce **Shani** en palais brillant montre un don d'elle-même et une passion de mourir avec lui[42].

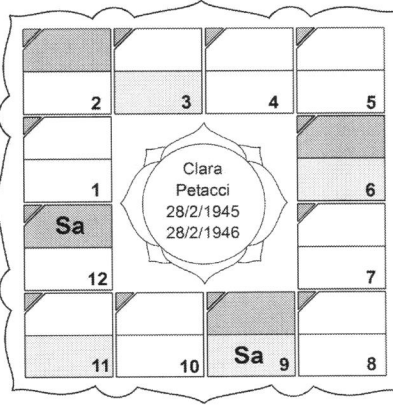

Violette Nozière

Surnommé le monstre en jupons, est une affaire criminelle qui a connu un grand retentissement en France et, en raison de son impact médiatique jusqu'à nos jours, est devenue un fait de société.

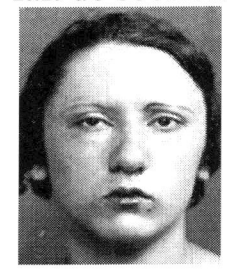

⇦ Violette Nozière est née le lundi 11/1/1915.
Son palais 1 est le signe de l'Arc qui est de l'élément feu:
déterminer, action, emporté, ambitieux, indépendant.

Nakshatra ✶ **21 (Uttara Shadha)** gouverné par: **Surya**.

(^_^) Prédispose à la vie militaire (par extension, l'homme d'action, le sportif), le combattant pour une idée; tempérament vertueux et reconnaissant, respectueux de la hiérarchie, obéissant, sociable, poli, populaire, humble, discret, modeste, honorable dans ses actions ; la droiture.

(>_<) Tendance à abuser des plaisirs sexuels, amours instables, le rebelle, l'énergie physique mal canalisée.

◆

Vous allez voir que c'est le côté sombre de sa Nakshatra de

---

[42] Avant l'exécution, elle lui demande: "Es-tu content que je t'aie suivi jusqu'au bout ?". Pas un mot, pas un dernier regard du Duce.

naissance qui s'est déployé la première partie de sa vie, puis la partie claire en seconde partie, et jusqu'à la fin de sa vie.
Les faits
Le 21/8/1933, Violette achète trois tubes de Soménal (*somnifère*) puis les comprimés sont réduits en poudre et celle-ci est répartie dans deux sachets identiques. Un troisième sachet marqué d'une croix contient un dépuratif inoffensif. Le soir après le dîner, Violette absorbe le contenu du sachet identifié par une croix. Son père sans méfiance, avale la totalité du poison, sa mère en raison du goût amer, jette la moitié du verre, ce qui lui sauvera la vie. Les parents s'effondrent et Violette vole l'argent qui se trouve sur sa mère et prend la paie de son père, en tout 3 000 francs. Elle quitte l'appartement pour y revenir le 23 août à une heure du matin. Violette ouvre le gaz, afin de faire croire que ses parents ont tenté de se suicider et alerte ses voisins. Alertés, les pompiers arrivent suivis de la police. Le père est trouvé mort et son épouse respire encore et elle est transportée d'urgence à l'hôpital Saint-Antoine. Le lendemain, Violette disparaît. Elle est retrouvée cinq jours plus tard, elle y déguste une glace à la vanille en attendant un certain comte de Pinguet, qui lui a donné rendez-vous mais l'a dénoncée. « Salaud ! » sera son seul commentaire lors de son arrestation.

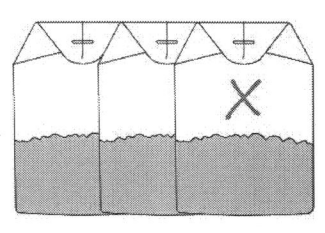

De son côté, la mère, sortie du coma, a révélé que leur fille les a empoisonnés, elle et son mari, pour toucher leur héritage et elle a ouvert le gaz pour brouiller les pistes.
Quant au mobile, la cupidité, on ne peut faire plus banal, même si, détail sordide, Violette a fouillé dans le corset de sa mère gisante pour récupérer 3 000 francs !

Le côté sombre de la Nakshatra s'exprime en première partie de sa vie,

> (>_<) Tendance à abuser des plaisirs sexuels, amours instables, le rebelle, l'énergie physique mal canalisée.

Voyons quelques traits de caractère de Violette Nozière :
Un conseil des professeurs de son établissement scolaire, rend un avis sans appel : " *Paresseuse, sournoise, hypocrite et dévergondée. D'un exemple déplorable pour ses camarades* "
Elle va acquérir la réputation d'être une "*petite coureuse*".
Pour Violette, le besoin d'indépendance, de liberté, de plaisirs, de changer de vie, est de plus en plus pressant. (*son palais 1 est Arc*) Elle va donc recourir à la prostitution occasionnelle, pour subvenir rapidement à ses besoins. Elle n'hésite pas non plus à poser nue pour une revue. Une lente dérive s'amorce et une double vie s'installe. Violette passe la majeure partie de son temps dans les cinémas et les brasseries des grands boulevards. elle apprend en avril 1932, qu'elle a la syphilis[43] et fais courir le bruit que son père la

---

[43] Infection sexuellement transmissible

viole. Dessinons maintenant le Kundali de Violette Nozière le jour ou elle empoisonne ses parents le lundi 21/8/1933.

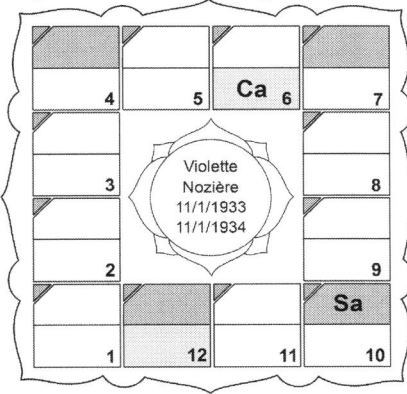

⇐ Le seigneur de l'année ici est très virulent.
1° il gouverne un palais maléfique (*palais 8*)
2° Il se trouve en palais maléfique (*palais 6*)
3° Il est en palais brillant.
Mettans en lumière avec le seigneur du grand cycle, le palais 12 (*épreuve, Ce qui est dissimulé*). **Shani** ici gouverne un palais instable (*palais 3*) et le palais 2 (*Les biens matériels*) et se trouve en palais 10. Son statut est bloqué.
"*Les racolages de Violette ou les emprunts auprès de ses amis ne suffisent plus pour entretenir son amant.*"
Cette double activation du palais 12 laisse peu de chance à Violette d'échapper à l'emprisonnement.
Un fait intéressant est que le Karaka de la mère (*Chandra*) est en palais brillant ce qui a pu sauver celle-ci de la mort. Le Kundali du père[44] activait lors de sa mort, **Ketu** en palais 12. Souvenez-vous que la période de **Chandra** est toujours délicate, le mental et l'imagination s'emballe surtout en palais brillant.

La condamnation

---

[44] Date de naissance du père: Mardi 17/2/1885, de la mère:Samedi 4/8/1888

La numérologie des cycles

Le 12/10/1934, après seulement une heure de délibération, Violette Nozière est condamnée à la peine de mort pour parricide et empoisonnement, sans aucune circonstance atténuante. Sa peine est commuée en prison à perpétuité, car depuis 1887, on ne guillotine plus les femmes en France.

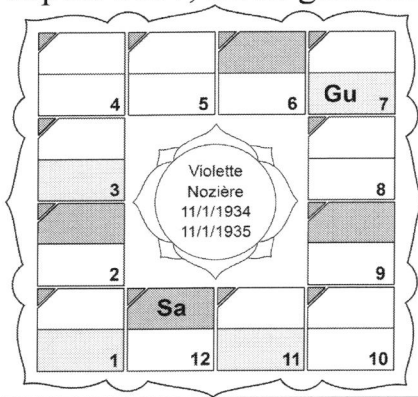

⇐ Le seigneur du grand cycle passe en palais 12 et le seigneur du palais 1 (*Violette*) se trouve en palais **Vedha** (*blocage*).

Voyons maintenant la deuxième partie de sa vie ou la Nakshatra positive se dévoile.

(^_^) Prédispose à la vie militaire (par extension, l'homme d'action, le sportif), le combattant pour une idée; tempérament vertueux et reconnaissant, respectueux de la hiérarchie, obéissant, sociable, poli, populaire, humble, discret, modeste, honorable dans ses actions ; la droiture.

La transformation de Violette Nozière et son attitude irréprochable sont citées en exemple. Elle devient une prisonnière modèle et commence sa reconstruction. Elle n'a désormais plus rien de commun avec celle du quartier Latin.

"elle observe la même détermination spirituelle qui dicte son action. La direction pénitentiaire n'aura jamais le moindre reproche à lui faire."

Le 6/8/1942 La conduite exemplaire de Violette Nozière plaide en sa faveur. Grâce à une intervention de l'Église catholique, le maréchal Pétain réduit sa peine à 12 ans de travaux forcés à compter de la date de son incarcération en 1933. Violette Nozière est libérée le 29/8/1945

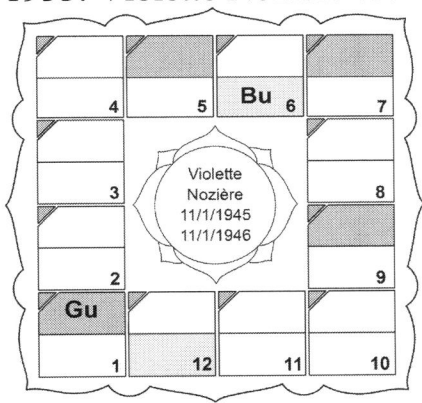

⇐ **Guru** en palais source, que dire de plus et gouvernant le palais 4 (*le foyer*). Le seigneur de l'année **Budha** en palais 6 n'est pas favorable a Violette elle est frappée d'interdiction de séjour de vingt ans sur le territoire français, mais qui sera levé fin novembre.

Violette reprend goût à la vie et a cinq enfants. En 1965 elle a un cancer des os et elle se sait condamnée.

"*Jusqu'à la fin, elle a fait preuve d'un courage bouleversant*" nous dit la religieuse qui la soignait depuis longtemps, et qui l'a assistée jusqu'à sa mort. Depuis des mois, elle se savait perdue, mais le cachait aux siens, se montrant gaie, aimable, faisant des projets d'avenir. Bien qu'elle souffrît atrocement, elle refusait les calmants que nous lui proposions, afin de garder toute sa lucidité et de pouvoir diriger sa maison et s'occuper de ses enfants. Elle s'était rachetée. Elle nous a quittées sauvée[45]. Elle meurt le 26/11/1966.

---

[45] Des actes charitables et le port de yantra et de pierres spécifiques aux divinités aident et atténuent les effets des cycles difficiles. (Livre en projet).

Éva Kaïlí

Éva Kaïli vice-présidentes du Parlement européen est interpellée le 10/12/2022 dans le cadre d'une enquête de corruption par la justice belge, puis incarcérée. Outre les 150 000 euros découverts chez elle, son père a été surpris avec une valise contenant 750 000 euros en espèces. La police a saisi aussi des ordinateurs et des téléphones portables appartenant à Kaïli. Elle est destituée de sa fonction de vice-président du Parlement européen. Éva Kaïli active deux fois le seigneur **Ketu**, la période est très dangereuse. Observez que les deux divinités regardent le palais 2 (*la richesse, les acquis, la famille*) ce qui détruit ces attributs, son argent est confisqué, son père est arrêté. Le **Ketu** de l'année abîme aussi le palais 10. Je pense que si elle avait eu connaissance de la numérologie des cycles, elle aurait agi en conséquence. **Ketu**, qui se termine le 26/10/2023, n'aime pas le pouvoir et les biens matériels, il vous demande d'entreprendre une démarche spirituelle. Pour information le seigneur du mois est maléfique et abîme le palais 10 (*Statut, travail*).

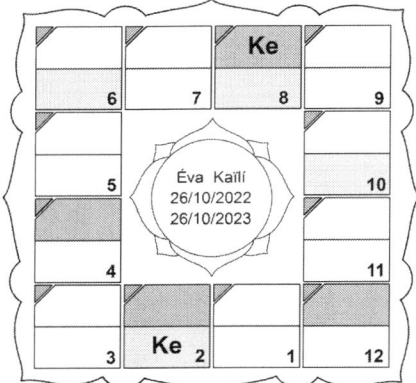

Céline Dion

Tout le monde ou presque connaît la chanteuse Céline Dion, sa réussite mondiale, et des millions de fans qui achètent ses disques. Voyons maintenant la star sous l'angle de la numérologie de cycles.

⇐ Céline Dion est née le jeudi 30/3/1968.
Le 30/3/1987, elle débute le grand cycle du seigneur **Guru** qui dure jusqu'au 30/3/1992, il est seigneur du palais 1 (*personnalité*) et du palais 10 (*carrière*). **Guru** est très bénéfique pour elle et très lié à elle (*moi + travail*).

Cette période dure 6 ans voyons ses effets sur la chanteuse.
En 1987, elle signe au sein de CBS[46] et publie l'album "Incognito". En plus d'un look totalement renouvelé, Céline Dion modernise son style musical en passant à un son plus commercial, ce qui permet à quatre singles de finir en tête des palmarès québécois.

Elle gagne le 33e Concours Eurovision de la chanson le 30 avril 1988.(*Elle représentait la Suisse*)

En 1989, elle s'engage dans une carrière internationale.

En octobre 1990, tout juste après avoir entamé la tournée "Unison Tour" au Québec, elle perd sa voix et on lui diagnostique des nodules. La chanteuse doit garder le silence

---

[46] C'est un important réseau de télévision commercial américain.

durant trois semaines. Ici, c'est un problème de santé à la voix, le seigneur **Guru** se trouve être en palais 3, palais instable et d'expression.

Entre 1990 et fin 1993, Céline Dion réussit à se faire une place de choix sur le marché anglophone nord-américain.

Vous voyez que le seigneur **Guru** apporte à Céline Dion croissance et expansion lors de sa régence de six ans.

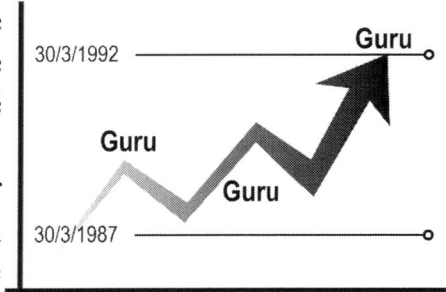

Mariage

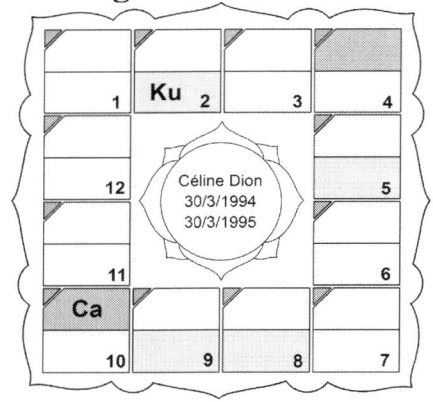

⇐ Elle se marie le 17/12/1994, avec René Angélil. Nous voyons ici l'activation du palais 5 (*romance*)

Chandra gouverne les sentiments amoureux (*palais 5*) et **Kuja** le palais 2 (*La famille*). Le seigneur **Chandra** apporte de la tendresse, c'est aussi le bien-être mental, s'il n'est pas abîmé. Les évènements s'enchainent rapidement, avec toujours un changement dans la vie du consultant. Remarquez que **Chandra** se trouve en palais 10 (*la carrière*). René Angélil, son mari, est son imprésario. Travail et romance ne sont pas incompatibles.

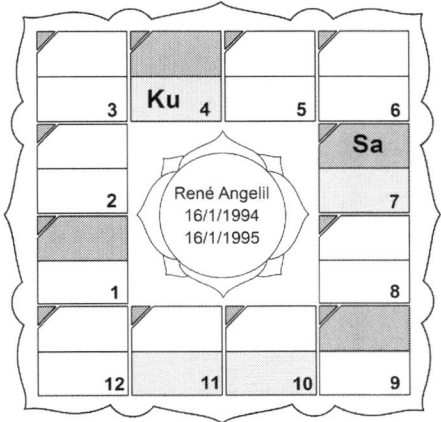

⇐ Ici le Kundali de René Angélil le jour de son mariage. Nous remarquons l'activation du palais 7 (*union*). Observez que le **Kuja** de René et de Céline, sont dans le même signe, le Bélier.

Décision de se marier prise sur un coup de tête ? (*le Bélier gouverne l'impulsivité*).

Pour René Angélil, son palais 1 est le signe du Crocodile gouverné par le seigneur **Shani**, ce qui donne un caractère[47] peu démonstratif, conservateur, froid, responsable et ambitieux, travaillant dur. Céline Dion étant du signe des Poissons : Sensible, rêveuse, introvertie, empathie, mystique, sacrifice personnel, romantique.

Les extrêmes s'attirent, car souvent ils ont un objectif commun[48]. **Kuja** et **Shani** se trouvent tous les deux en palais **Vedha**. Difficultés ou retard à ce mariage ?

Le 14/1/2016 René Angélil meurt des suites d'un cancer de la gorge, à son domicile familial, à Las Vegas. Deux jours

---

[47] Témoignage de proches:"sa fidélité extraordinaire et son perfectionnisme", "Il a travaillé fort pour se rendre où il est"

[48] Céline Dion: Nous avons connu des périodes difficiles, il y a eu des tensions entre nous deux". "ça n'est pas facile d'être marié, mais alors, travailler ensemble... C'est dur, ça demande beaucoup de travail".

plus tard, le 16/1/2016, le frère de Céline Dion, Daniel, meurt lui aussi d'un cancer à l'âge de 59 ans.
Le décès de son mari René Angélil apporte un tournant important dans sa vie personnelle et dans sa carrière.
Dessinons le Kundali de René Angélil.

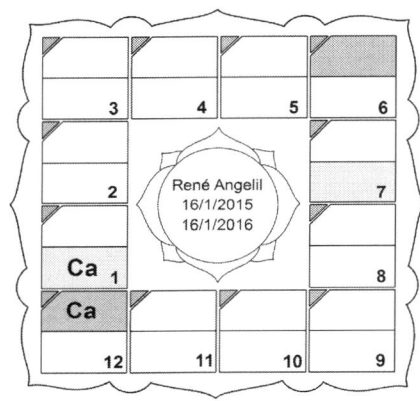

⇐ Ici, le seigneur **Chandra** œuvre deux fois en tant que seigneur du grand cycle et de l'année, le jour de son décès. C'était aussi le cas de Mallaury Nataf (*pages 148*) ou sa vie s'est éffondrée. Souvenez-vous que **Chandra** apporte très souvent des angoisses des changements, on ne maitrise plus grand-chose. Le seigneur **Chandra** est le changement sous toutes ses formes. Se trouvant en palais 12, il génère des angoisses, des peurs, des lassitudes, du désespoir, et aussi de ne plus vouloir se battre.

Chandra est le Karaka du mental, gardez cela en tête lors de vos analyses.

Le seigneur du grand cycle

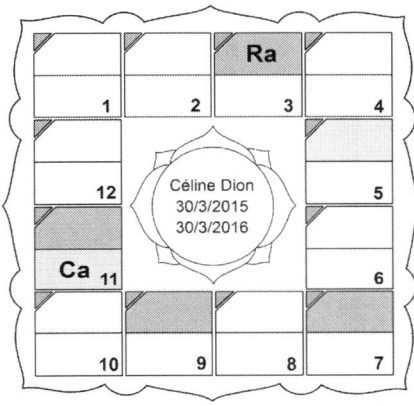

⇐ Le Kundali de Céline Dion à la mort de son mari. Là aussi, **Chandra** est actif, ainsi que le seigneur **Rahu** qui abîme le palais 7 et **Chandra**.

Nous avons la une convergence karmique. Les deux **Chandra** de l'année des époux se trouvent dans le même palais.

Une union de l'esprit se forge ici, juste avant la mort.
Le seigneur **Rahu** de Céline se trouve en palais 3 (*frère et sœur*). Son frère meurt le 16/1/2016. Pour information le palais 11 représente aussi les frères et sœurs plus âgés du consultant. Son frère était plus âgé qu'elle.

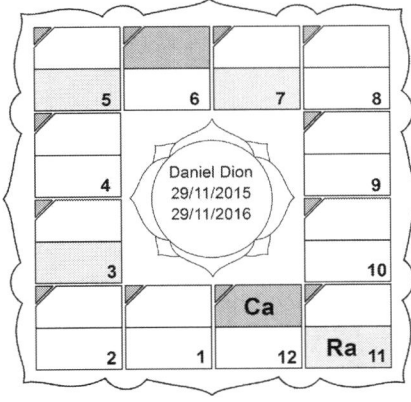

⇐ voici le Kundali de son frère, Daniel Dion, au moment de sa mort. Il est né le jeudi 29/11/1956. Il activait le seigneur du palais 8 (*décès*) et le grand cycle était là encore, **Chandra** en palais 12 ! Le fait est étonnant, car les trois acteurs de cette épreuve activaient la même divinité.

Pour Daniel Dion et Renée Angélil, **Chandra** est en palais 12 (*perte*), ils meurent, tandis que Céline Dion, **Chandra** se trouve en palais 11, mais affligé par le seigneur **Rahu**.

Le grand cycle suivant de Céline Dion est gouverné par le seigneur **Ketu** qui dure du 28/3/2018 au 28/3/2021. Il apporta bien évidemment son lot de problèmes, car n'oublions pas, que **Ketu** est là pour nous faire évoluer spirituellement et les questions matérielles ne sont pas du tout sa priorité ! Céline Dion est poursuivie en justice par son agent pour commissions impayées. Alors qu'elle est enlisée dans un scandale financier sans précédent, Céline Dion est sortie de sa réserve pour défendre son honneur. La société qui représente ses intérêts lui réclame des commissions impayées, d'un contrat qui remonterait à 2017 et qui s'élèverait à 500 millions de dollars. Céline Dion n'est pas au mieux de sa forme. Ces dernières semaines ont été un calvaire pour la chanteuse et elle a été contrainte d'annuler une multitude de concerts pour des raisons de santé. Des représentants de la star ont accepté de lever le voile sur le véritable mal qui ronge Céline Dion :

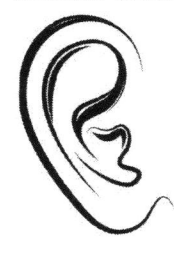

"Depuis plus d'un an, Céline souffre d'un trouble de l'oreille moyenne connu sous le nom de trompe d'Eustache Patulous, qui lui cause des irrégularités auditives et rend le chant extrêmement difficile."

Le seigneur **Ketu** nous rappelle que notre but dans cette incarnation est l'évolution de notre âme. Si cela est compris, il peut nous gratifier de bonté et de générosité, dépassant tout ce que les autres divinités peuvent nous octroyer.

❖

Nous avons tous un but unique, c'est d'en finir avec les incarnations successives par l'épuration de notre âme. Nous devons donc découvrir, à travers de nombreux apprentissages, comprendre l'illusion de la matière qui nous amènera à l'éveil spirituel. Bien sûr nous nous incarnons dans un monde physique et notre corps est bien présent, nous devons nous nourrir et pour cela travailler et nous marier et avoir un toit sur la tête et cela il ne faut absolument pas le négliger, mais le corps est à considéré comme un véhicule de l'âme afin de retenir celle-ci sur cette terre pour apprendre. Une analogie peut être faite avec une voiture qui nous permet de véhiculer le corps. vous aimez votre voiture, vous la lavez vous la nourrissez (*essence*), vous l'entretenez, mais il ne vous viendrait pas à l'esprit de s'attacher à sa voiture d'une façon entière, amoureuse, égoïste. Si ?

François Mitterrand

⇐ François Mitterrand est né le jeudi 26/10/1916.
14 ans de pouvoir à la tête de l'état français, il fut président de la République française du 21 mai 1981 au 17 mai 1995. Voyons quelques périodes de sa vie.

⇐ Le 14/6/1940, en tant que sergent-chef, il est blessé à l'omoplate droite. Après avoir été soigné, il est fait prisonnier par les Allemands le 18/6/1940. Le seigneur du grand cycle est **Kuja**, qui gouverne le palais 2 et le palais 7. Cela donne de l'énergie du courage, mais aussi des risques de blessure. À ce moment-là, **Kuja** traverse le palais 1 (*le corps physique*), il est aussi le seigneur du palais 7 (*Opposants*), les Allemands le font prisonnier.

Le seigneur de l'année qui gouverne le palais 1, se trouve en palais 11 (*il a pu compter sur des amis ou des soutiens*).
Shukra, Karak de l'amour active le palais 5 (*romance, amour, flirt*).

Le seigneur du grand cycle

En mai 1940, quelques jours avant l'invasion allemande, il se fiance avec Marie-Louise Terrasse. Elle deviendra populaire à la télévision comme speakerine sous le nom de Catherine Langeais. Nous voyons bien sur le Kundali précédent, le rôle du seigneur **Kuja** (*violence*) et seigneur du palais 7 (*Le relationnel*) et le seigneur de l'année **Shukra**

Marie-Louise Terrasse. ⇧

(*amour*). L'année suivante, soit du 26/10/1940 au 26/10/1941, le seigneur de l'année est **Ketu** en palais 12 (*emprisonnement*), il fera deux tentatives d'évasion infructueuses. Après dix-huit mois dans les stalags, il s'évade en décembre 1941 et rentre en France. Voyons la période de

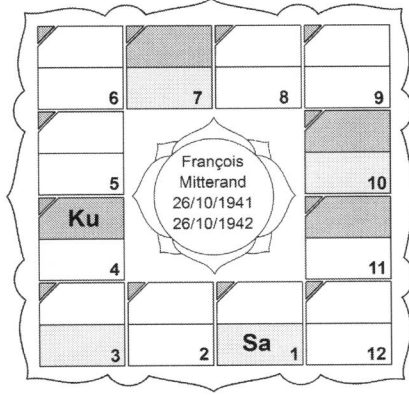

⇐ son évasion. Le seigneur de l'année est **Shani**. Ce Kundali est interressant. Dabord le seigneur **Shani** (*retard, ralentissement*) se trouve en palais 1. C'est aussi son palais brillant. Il bloque François Mitterrand (*il est prisonnier*). Ce qui a dû donner un sentiment

d'impuissance, mais observer que le seigneur **Shani** est en palais brillant et il gouverne le palais 4 qui signifie aussi le pays. Le seigneur du palais 7 (*les opposants, ici ses geôliers*) est aussi puissant, car **Kuja** est en palais brillant, mais aussi en palais d'obstructions ! Il ne regarde pas non plus le palais

La numérologie des cycles

1. N'oublions pas que **shani** gouverne également un palais très bénéfique (*palais 5*). Entre **Kuja** (*les geôliers*) qui est en palais **Vedha** et donc est bloqué et **Shani** en palais brillant, c'est **Shani** qui l'a aidé à cette évasion, mais à sa façon, lente, cachée, avec ténacité. Nous avons donc là deux divinités maléfiques, mais qui lui ont servi par leurs positions à lui donner l'envie de s'en sortir. Les divinités de force (*Kuja*) et d'obstination (*Shani*) serve le consultant pour certaines situations, ne l'oubliez pas.

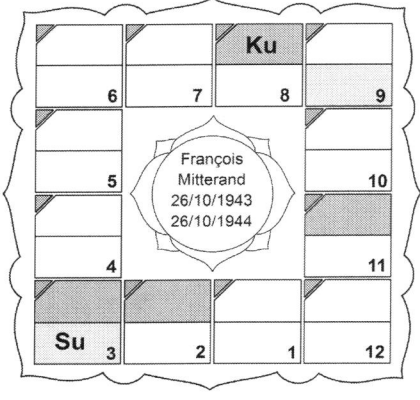

⇐ En novembre 1943, il se rend clandestinement par avion à Londres, puis à Alger, où il rencontre le général de Gaulle, le général Giraud et Pierre Mendès France. La rencontre fut âpre ! Le seigneur **Kuja** qui gouverne le palais 7 (*les autres*) et le palais 2 (*la parole*) active le palais 8 (*choses cachées*). Le seigneur **Surya** (*autorité*) gouverne le palais 11 (*les appuis*), les partisans dirons nous ici, il se trouve en palais 3 (*mouvement*). Il est aussi le Karaka du pouvoir et de l'autorité (*De Gaulle*).

Un déplacement (*palais 3*) clandestin (*palais 8*) à la rencontre de partisans (*palais 11*) qui fut âprement discuté. **Kuja** seigneur du palais 2 (*parole*) regarde le palais 3 (*communication*) ...Mitterrand va finir par l'emporter à

Le seigneur du grand cycle

l'issue de cette réunion. Le seigneur **Surya** lui donne la prestance et l'autorité, mais difficile, car le palais 3 est instable et gouverne les disputes. Nous voyons encore ici deux divinités maléfiques, mais qui servent le consultant pour s'imposer, réussir parfois par des moyens discutables. François Mitterrand rencontre une jeune résistante, Danielle Gouze, et l'épouse le 28 octobre 1944. Un Kundali ou les sentiments ressortent peu. Ce qui est marquant ici c'est le seigneur **Budha** qui gouverne le palais 9 et le palais 12 (*mouvement, exil*) en palais 4 palais **Vedha**, deuxièmement, **Chandra** préside l'année ce qui amène son lot de bouleversement de changement et d'inquiétude. Alors ?

Budha et **Chandra** gouvernent le mouvement le changement et les déplacements. Le Palais 9 gouverne la chance, le voyage. Alors qu'il anime un réseau de résistance (*Palais 10*), il doit fuir vers la Bourgogne (*Palais 12*). C'est Danielle Gouze qui l'aide, notamment à bord du train où elle accepte de jouer l'amoureuse transie, pour tromper la vigilance de la Gestapo. On peut parler ici de difficultés de voyager, et d'obstructions qui est dû au palais Vedha.

l'attentat de l'observatoire.

Dans la nuit du 15 au 16/10/1959 a lieu l'attentat de l'observatoire[49] dans lequel François Mitterrand est mis en cause et qui le mène, après la levée de son immunité parlementaire, à être inculpé le 9/12/1959 pour outrage à magistrat. Est-il besoin de commenter[50] ?

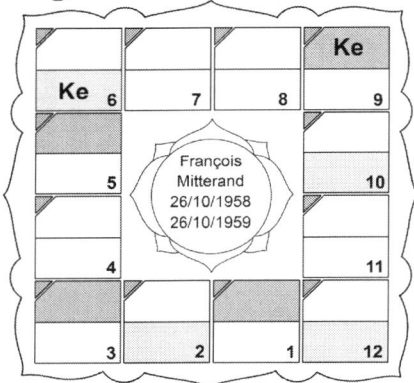

⇐ Le seigneur de l'année et le seigneur du grand cycle sont gouvernés par **Ketu**. Sa carrière politique aurait pu finir ici. L'affaire de l'attentat de l'observatoire est encore aujourd'hui nébuleuse. **Ketu** comme **Rahu** aime enveloppé de mystère et de fumée certains évènements, d'ailleurs le seigneur **Rahu** gouverne l'espionnage et le seigneur **Ketu** le contre-espionnage. C'est pour vous dire les effets de ces deux divinités ! Le mal-être, les idées nébuleuses, les projets insensés sont de l'ordre de **Ketu** qui vous même parfois à la limite de la folie et de la divagation

---

[49] François Mitterrand étant accusé d'avoir lui-même commandité l'attentat dans le but de regagner les faveurs de l'opinion publique.
[50] Ces deux Ketu activés sur le Kundali de Mitterand, n'a-t-il pas un petit air du Kundali d'Éva Kaïli sur les conséquences ? (Voir page 188)

idéologique, religieuse ou spirituelle.
La course à la présidence.
Au soir du 10/5/1981, François Mitterrand est élu président de la République avec 51,76 % des suffrages exprimés contre 48,24 % à Valéry Giscard d'Estaing.

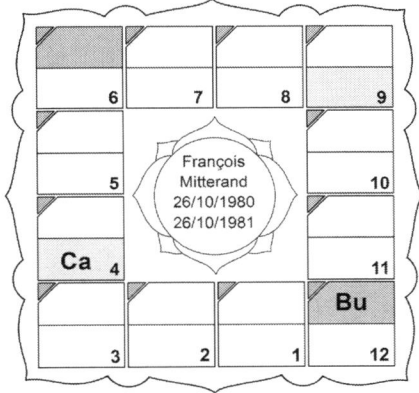

⇐ Encore un Kundali intéressant. Nous avons presque la même configuration qu'en 1944/1945 **Chandra** et **Budha**.

Le seigneur **Budha** en palais 12 n'est pas très favorable au consultant, mais regardez de plus près:

1) **Budha** est dans son propre palais ce qui le renforce.
2) il est en palais brillant ce qui le renforce particulièrement. Le seigneur **Chandra** amène son lot de changement (*président de la République*), mais regarde son propre palais, le palais 10 qui gouverne le statut, en palais Vedha mais ce palais 4 (*la patrie*) est aussi la France. Ce n'est pas un Kundali favorable au premier coup d'œil. Il faut peut-être voir comment s'est déroulée cette campagne, les alliances, les tromperies, les manigances. "Le 26/4/1981, Valéry Giscard d'Estaing arrive en tête du premier tour de l'élection présidentielle devant François Mitterrand et Jacques Chirac. Jacques Chirac, rencontre secrètement François Mitterrand au domicile d'Édith Cresson en octobre 1980 afin d'élaborer

une stratégie visant à faire battre le président sortant, Valéry Giscard d'Estaing." Le palais 12 : Liaisons secrètes, ce qui est dissimulé, trahison. On comprend mieux ce palais 12.

Dans son livre "Le Pouvoir et la Vie", Valéry Giscard d'Estaing écrit : " *Pourquoi ai-je échoué ? En raison du chômage ? d'une lassitude des Français ? J'étais crédité de 60 % de bonnes opinions et puis tout à coup une tornade s'est levée. C'est un phénomène étrange* "

Il n'a pas compris la trahison ? Si l'on compare le Kundali de Valéry Giscard d'Estaing avec celui de Mitterand, le palais 10 (*Pouvoir*) le plus fort est celui de Mitterand.

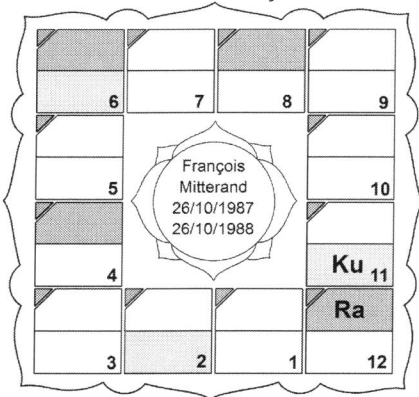

Le 8/5/1988 François Mitterrand est réélu. Nous voyons qu'il affectionne le palais 12 ! (*choses cachées, trahison*). Si l'on compare avec Jacques Chirac, il semble moins avantageux. Souvenez-vous, le pouvoir active souvent des divinités maléfiques, car il y a toujours derrière la phrase "*Chef du parti*" des coups durs, des trahisons, des manipulations, et une envie de dominer ce qui occasionne peu de scrupules. Les divinités maléfiques servent à notre enlisement dans la Maya (*l'Illusion*). À la fin de sa vie, François Mitterrand bien qu'étant très affaibli, reçoit chez lui des hommes politiques ou l'ancien président de la République Valéry Giscard d'Estaing, à qui il déclare que sa victoire de 1981 face à lui est due à la trahison du RPR et de Chirac.

La fin

Le 2/1/1996, il rentre à Paris pour effectuer des examens médicaux importants. Son cerveau (*palais 1*) étant atteint par des métastases, il prend la décision de ne pratiquement plus s'alimenter pour accélérer la fin. François Mitterrand meurt le 8/1/1996 à l'âge de 79 ans des suites d'un cancer de la prostate (*palais 7*). Ici nous avons les effets du seigneur **Ketu**, bien connu maintenant surtout en palais 1 (*physique*). Le seigneur **Shani** en palais terne et en palais Vedha ce qui rend la divinité très faible et ne peut l'aider. N'oublions pas que **Ketu** est maléfique et regarde le palais 1. Le danger est grand lors de cette configuration. François Mitterand est un homme qui a aimé le pouvoir et il a atteint ce but par tous les moyens.

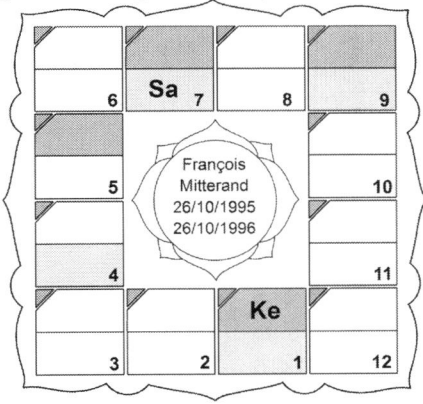

> *"Le pouvoir ne se partage pas."*
>
> Jacques Chirac
>
> *"Dans la vie politique, il faut être offensif. Si on se défend, on a déjà perdu."*
>
> François Mitterrand

La numérologie des cycles

Emmanuel Macron

⇐ Emmanuel Macron
né le mercredi 21/12/1977.
6° de l'Arc
★ Nakshatra **19** (**Moola**) *Gouverné par:* **Ketu**.
Élu à la tête de l'état français pour 5 ans le 8/5/2017 et réélu le 24/4/2022.
Voyons quelques dates:

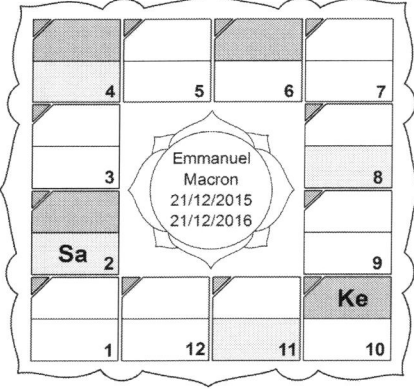

Le 30/8/2016, il démissionne de ses fonctions de ministre pour se consacrer à "En marche" son mouvement politique. François Hollande confie alors qu'Emmanuel Macron "l'a *trahi avec méthode"*. Le palais 10 (*travail*) est affligé par le seigneur **Ketu** qui est maléfique. Il est dans sa troisième et dernière année de **Ketu** qui a débuté le 21/12/2013 et se termine le 21/12/2016. Nous avons ici une combinaison **Ketu** + **Shani** comme pour la mort du président Mitterand, mais les divinités ne regarde

Le seigneur du grand cycle

pas le palais 1, nous avons là plutôt une mort symbolique puis à une renaissance politique.

Le seigneur **Ketu** lui fait comprendre qu'il doit tourner la page, mais, n'oublions que **Ketu** révèle, donne des idées géniales. *(il est l'ami des créateurs)*. **Ketu** activant le palais 6, il se fait des ennemis redoutables.

Le 6/4/2016, il fonde le parti "En marche", et qu'il définit comme étant à la fois de droite et de gauche. **Shani** est une divinité qu'affectionnent les hommes politiques (*Endurance, ténacité, force intérieure, et ...coups tordus!*).

Le seigneur **Shani** gouverne la parole (*palais 2*) et la communication (*palais 3*) et le seigneur **Ketu** abîme le palais 2 par son regard. Ses paroles peuvent se retourner contre lui et sa réputation, le palais 10 gouverne la réputation, le travail.

Avec cette initiative, il assume son ambition de se présenter à une élection présidentielle. Ce lancement s'accompagne de tensions avec François Hollande sur la question de la loyauté de Macron à son égard, et d'une dégradation de ses relations avec le Premier ministre Manuel Valls. Emmanuel Macron entretient également de mauvais rapports avec Michel Sapin, ministre des Finances et des Comptes publics, mais aussi avec les secrétaires d'État Axelle Lemaire (*numérique*), dont il a la tutelle, et Christian Eckert (*budget*). Bénéficiant alors d'une très bonne image dans l'opinion, il voit celle-ci se dégrader en juin 2016, après une altercation filmée avec des syndicalistes et une polémique autour de son paiement de l'impôt sur la fortune (ISF). *(Source Wikipedia)*

Ces deux divinités maléfiques qui regardent le palais 7 (*les autres*) font qu'ils se disputent avec tout le monde et les autres deviennent des adversaires.

Ses actions et ses propos se retournent contre lui, car le seigneur **Ketu** "*floute la partie*" n'oublions pas que le seigneur **Shani** bien qu'il gouverne le palais 3 (*communication*), peut donner des paroles dure et malencontreuses.

Le seigneur **Ketu** n'arrange rien dans ce cas-là, il lui donne le détachement (*démission*) des idées (*la république en marche*), mais c'est une divinité maléfique qui fait fi des acquis ou de la renommée que l'on a pu avoir et que l'on croit éternel.

Le 21/12/2016 le seigneur **Ketu** laisse la place au seigneur **Guru** et il ne reviendra que le 21/12/2048, 32 ans plus tard.

⇐ La représentation du seigneur **Ketu** dans l'Oracle des 9 joyaux.

Le seigneur du grand cycle

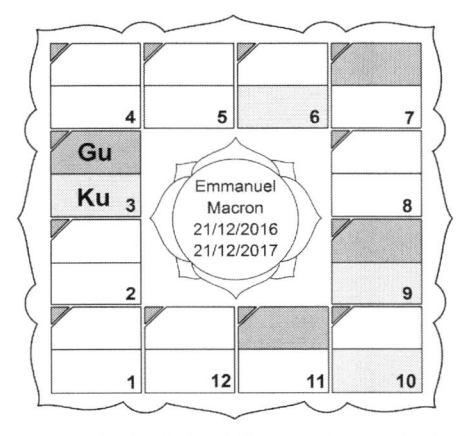

⇐ Le Kundali d'Emmanuel Macron lors de son élection présidentielle du 8/5/2017. Il commençait un cycle de 6 ans, avec **Guru**, qui est ici bénéfique, seigneur du palais 1 (*personnalité*) et du palais 4 (*le mental, la patrie*). Le seigneur **Kuja** est plus ambivalent, car il gouverne un palais bénéfique, le palais 5, mais aussi le palais 12 (*perte exil, choses cachées*). **Kuja** est le Karaka du courage et il se trouve être en palais 3 qui représente aussi entre autres le courage, nous prendrons **Kuja** comme l'énergie déployée par le candidat, la force, un peu agressive, car **Kuja** est une divinité violente (*elle est de la caste des guerriers*).

Ces deux divinités en palais 3 révèlent la surmédiatisation de ce candidat. Les quotidiens Libération, l'Obs, le Monde et l'Express totalisent plus de 8000 articles évoquant Emmanuel Macron de janvier 2015 à janvier 2017. (*soit plus de 10 articles par jour pendant deux ans*!). J'ai remarqué que le palais 12 est parfois activé lors d'une élection, est-ce le "don de soi" que gouverne ce palais ? Ou bien les trahisons les choses cachées et inavouables entreprises pour accéder au pouvoir ? Je vous laisse juge !

Voici quelques exemples du palais 12 et du politique :

Élection présidentielle française

Date	Président	Position
19/5/1974	Giscard d'Estaing	Seigneur de l'année est en palais **12.**
10/5/1981	François Mitterant	Seigneur du grand cycle est en palais **12.**
08/5/1988	François Mitterant	Seigneur du grand cycle est en palais **12.**
17/5/1995	Jacques Chirac	Seigneur de l'année gouverne le palais **12.**
8/5/2017	Emmanuel Macron	Seigneur de l'année gouverne le palais **12.**
24/4/2022	Emmanuel Macron	Seigneur du mois est en palais **12.**

Il faut croire que certaines affaires ou négociations doivent rester dans l'ombre et que le peuple doit ignorer, sont monnaie courante lors des élections présidentielles.

Le palais 3 montre comment je communique, nous voyons ici que les deux divinités se trouvent dans ce même palais, il a su convaincre (*Kuja*), réunir (*Guru*) harangué (*Kuja*) rassurer (*Guru*). "Le en même temps". Le seigneur **Guru** lui apporte un intérêt pour la pompe, c'est sa divinité de naissance. Le seigneur **Guru** favorise le palais 9 (*chance*) le palais 11 (*les appuis que le consultant peut attendre*) et le palais 7 (*il a su rallier à sa cause les autres*). Le seigneur

Kuja lui apporte l'énergie par la parole, car il se trouve en palais 3. Mais n'oublions pas que c'est une divinité maléfique naturelle et se trouvant en palais 3, certains de ses propos on dut être trop direct, ce qui a eu pour effet de se retourner contre lui. Lors d'une élection qui n'est autre qu'une compétition, car il y a un gagnant et des perdants, et même une demi-finale (*le premier tour*), certaines divinités maléfiques comme le seigneur **Kuja**, qui aime le combat, sont favorables. Les coups bas, les croche-pieds, la violence, la trahison, en politique sont une monnaie courante.

Voyons aussi ce que peut donner une divinité maléfique en palais 3 qui je le rappelle est le palais des papiers, documents, écrit, etc.

Après des tentatives d'hameçonnage en mars 2017, des milliers de documents internes à l'équipe de campagne d'Emmanuel Macron sont piratés et diffusés sur Internet le 5 mai 2017. Accusée, la Russie nie toute implication. **Kuja** gouverne le palais 12 (*ennemis cachés ou étrangers*) et regarde le seigneur du palais 1 (*Macron*).

Synthèse: certaines personnes dans l'ombre, nuit au consultant par l'intermédiaire de moyens de communications ou de lettres (*palais 3*).

François Hollande

Comparons le Kundali de François Hollande lorsqu'il annonça qu'il ne se présenterait pas à sa réélection.
Il est né le jeudi 12/8/1954.
★ Nakshatra **9** (**Ashleshâ**) *Gouverné par:* **Budha**.

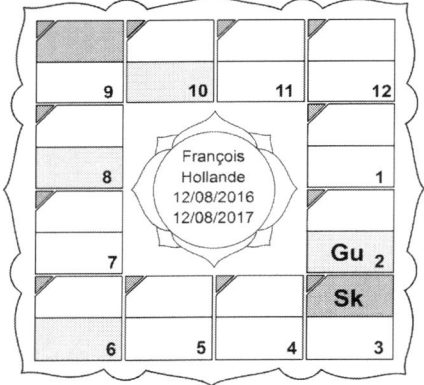

⇐ le 1/12/2016, François Hollande renonce à se représenter à un nouveau mandat de président. Ce qui frappe tout de suite sur son Kundali c'est **Shukra** en palais terne et en palais instable, donc très faible. Elle gouverne le palais 4 (*mental, le pays*) et le palais 11 (*les amis et les soutiens qu'il peut attendre, ses désirs*). La divinité ne le soutient aucunement. Son désir secret, est peut-être sur le plan affectif car **Shukra** gouverne le relationnel. Elle est ici faible, un besoin de se faire aimer du peuple ainsi qu'un sentiment de trahison (*le faux ami Macron le trahit*). Le seigneur **Guru** gouverne quant à lui le palais 6 (*rupture*) et le palais 9 (*chance, vision philosophique de la vie, perte de la profession*). Il afflige aussi le palais 10 (*travail*). **Shukra** montrant le relationnel affectif, il a dû être très déçu et affecté de la trahison d'Emmanuel Macron. **Guru** gouvernant le palais 6, je pense que la moutarde lui ait monté au nez par cette trahison.

"*...Ce renoncement est un fait inédit dans l'histoire de la Cinquième République et satisfait la quasi-totalité de la classe politique, qui critique son bilan à la tête du pays et son problème d'incarnation de la fonction présidentielle depuis 2012.*"

La Convergence Karmique.

La convergence karmique s'établit lorsqu'il y a relation, rapport, intérêt commun ou non, lien ou union avec une autre personne. Cette connexion se révèle par le rapprochement des Kundali des deux protagonistes. Si des liens se révèlent alors il y a ce que j'ai nommé, convergence karmique.

Si vous observez le Kundali de François Hollande, vous remarquez que son seigneur du palais 6, **Guru**, regarde le palais 1 d'Emmanuel Macron !

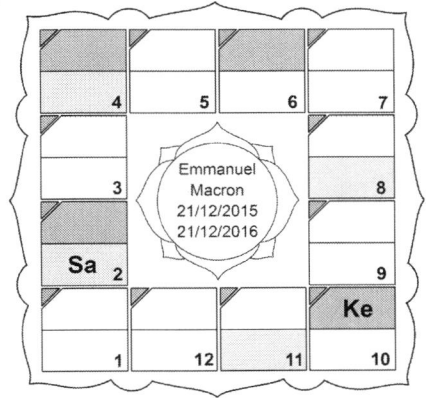

Emmaunuel Macron 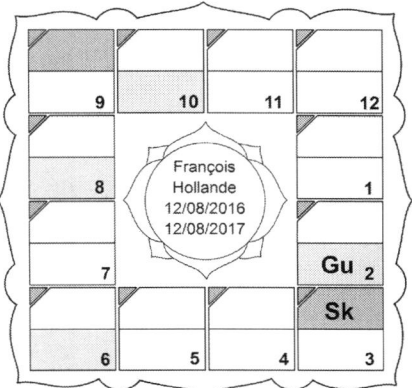 ⇧   François Hollande ⇧

Nous pouvons voir ce regard sur le palais 1 d'Emmanuel Macron. Le seigneur **Guru**, étant maître du palais 6, on peut penser que François Hollande a tenté de nuire à son "ancien ami". Mais nous observons aussi que le **Shani** de Macron placé en palais 2, a gelé (*Shani, retarde, bloque*) tout espoir sur le palais 1 de François Hollande.

Remarquez que **Shukra**, le seigneur de l'année de François Hollande, se trouve en palais terne, l'état le plus faible pour une divinité et elle progresse dans le palais 10 (*statut*) de Macron. Comme si la déception de François Hollande (**Shukra** *gouverne les sentiments*) venait de la carrière professionnelle et ambitieuse d'Emmanuel Macron.

Au fil des mois, François Hollande exprime des réserves de plus en plus fortes sur l'action de Macron. En août 2017, il conseille au président de la République de ne pas demander aux Français des sacrifices qui ne sont pas utiles, au risque de créer des ruptures. En mars 2018, Hollande appelle à la défense des Kurdes face à la Turquie, ce qui fait réagir le chef de l'État contre *"certaines personnes qui donnent des leçons"*. Le mois suivant, toujours François Hollande, qualifie Emmanuel Macron de *"président des très riches"* .

L'amitié qu'ils pouvaient se porter est déjà un passé oublié !

ॐ

La reconnaissance touche le cœur, et est agréable à Dieu et aux hommes.
          Le livre des sagesses des Purânas.

Crise des gilets jaunes

En novembre et décembre 2018, Macron est au centre de la contestation des gilets jaunes, mouvement manifestant contre la politique du gouvernement, qui commence après l'annonce d'une augmentation des taxes sur le prix des carburants au 1/1/2019. Alors que le mouvement conduit à plusieurs morts et de nombreux blessés, Macron revient sur la hausse des taxes et annonce l'augmentation du SMIC de 100 euros par mois en 2019. Son Kundali au début du mouvement montre que le seigneur de l'année, **Chandra** gouverne cette période. **Chandra** fait que l'on a du mal à maitriser les évènements, et beaucoup de choses nous echappent, c'est une période instable. Le seigneur du grand cycle, **Guru** est en palais d'obstruction, ce qui retarde ou ralentit la situation ou les décisions à prendre et comme vous le savez **Guru** reste six mois en palais 7 (*les opposants*). Le cycle de **Chandra** (*comme les autres divinités*) réapparaît tous les dix ans si c'est le seigneur de l'année et tous les trente-six ans si c'est le seigneur du grand cycle. Le 21/12/2023 **Ketu** seigneur de l'année, fait son entrée en palais 10 (*Statut*).

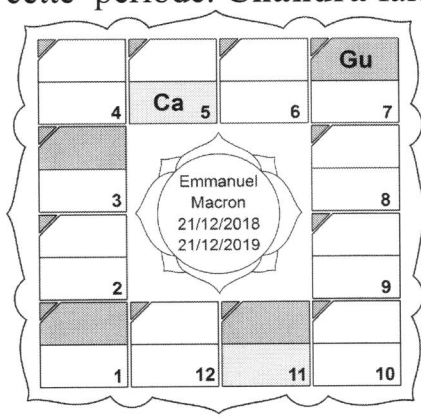

La numérologie des cycles

La Ve République française

Oui, nous allons étudier le Kundali de la Ve république.
Toutes choses, toutes créations, chaque évènement sont gouvernés par les 9 divinités. Vous pouvez, à la naissance d'une entreprise, d'une création, d'un état, etc. construire le Kundali de naissance de cet évènement. C'est ce que nous allons faire maintenant en construisant le Kundali de la Ve République française. Le 4/10/1958, naissance de la

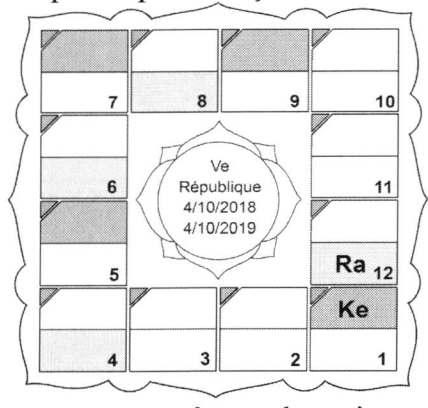

⇐ V^e république. Voyons son cycle au début du mouvement des gilets jaunes (*fin 2018*). Remarquons que les cycles de cette grande dame de 60 ans à cette périodes ne sont pas primesautiers. Le seigneur de l'année est gouverné par **Rahu** et le seigneur du grand cycle est gouverné par le seigneur **Ketu**. Ce sont deux divinités maléfiques comme vous le savez. **Ketu** en palais 1, montre cette crise profonde, je dirai même lié à la fondation de la Ve république. Avez-vous remarqué que le palais 1 de la Ve république se trouve être le palais 10 (*statut*) d'Emmanuel Macron? Cette interaction ne joue pas en sa faveur (*perte de popularité, sondage qui dégringole*). Remarquez aussi que le seigneur **Rahu** regarde le palais 1 du président Macron.

214

Rahu donne de l'obstination, il peut s'entêter dans des choix mal adaptés, car souvent le seigneur **Rahu** enveloppe de fumée les évènements, au sens propre également[51]. **Rahu** gouverne la manipulation, tout ce qui est caché, ce qui est vague, flou, nébuleux, confus, erroné, trompeur.

Le 4/4/2019[52], le seigneur **Ketu** passera en palais 2, la tension sera moindre surement qu'Emmanuel Macron lâchera du lest surtout financier, car le palais 2 représente les finances de l'État français[53]. Le seigneur **Rahu** quant à lui reste jusqu'au 4/10/2019.

> *Ci-dessus, j'emploie le futur, car j'ai écrit ces notes avant la fin du mouvement, pour démontrer la dynamique des cycles.*

ॐ

Si tu te venges, tu fais deux morts ; si tu pardonnes, tu fais deux vivants.
(Proverbe hindou)

---

[51] Grenades lacrymogènes et fumigènes utlisées lors de ces manifestations.
[52] Le mouvement des gilets jaune se termine fin 2019.
[53] Baisse de l'impôt sur le revenu, 5 milliards d'euros, 17 millions de ménages bénéficiaires. Indexation des petites retraites sur l'inflation, dès 2020. Hausse de la prime d'activité

Attaque du capitole USA

Le 6/1/2021, des milliers de manifestants prennent d'assaut le capitole, le but est de bloquer la certification de la victoire de Joe Biden. Les pro-Trump parviennent à l'intérieur du bâtiment et qui ne sera pas sans violence, avec de nombreux blessés et quatre morts parmi les émeutiers et un policier. Au même moment le vice-président et des dizaines d'élus américains tentent de se mettre à l'abri dans les sous-sols du Capitole.

Le 13/12/2020 soit 24 jours avant les évènements, j'écrivis sur mon blog[54]:
"C'est effectivement une période difficile pour les USA, car elle active deux fois le seigneur Ketu ce qui se révèle très instable et difficile, que cela soit pour un humain une situation ou bien un pays..."

---

[54] Retrouvez l'article ici: https://www.etoiledivine.com/blog/index.php

Le seigneur du grand cycle

"À partir du 04/01/2021[55], une instabilité sur le pouvoir. Des changements et des disputes au sein même des dirigeants."

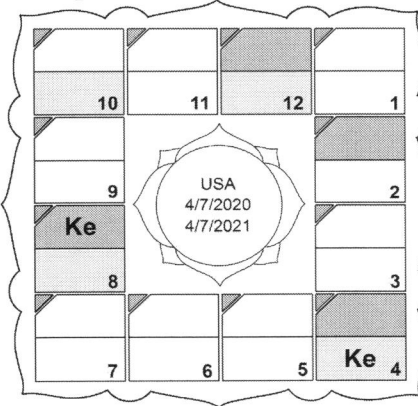

La date de référence pour les USA est le 4/7/1776 commémorant la déclaration d'indépendance. Le 4/7/2020 ces cycles sont très dangereux, car **Ketu** est doublement activé, ce qui a donné lieu a ces débordements et que certains disent que ce 6 janvier 2021 restera comme l'une des journées les plus noires de l'histoire de la démocratie américaine. Remarquez que trois palais sont doublement regardés par la combinaison des deux **Ketu** et voyons ce qu'ils disent au niveau mondial.

Ketu le mouvement idéologique, religieux et sectaire.

Le palais 4: Les opposants au gouvernement, la rébellion, la révolution, les guerres civiles, les invasions.

Le palais 8: les crises mettant en jeu l'indépendance nationale.

Le palais 12: Les ennemis, les épreuves de la nation, les complots, le terrorisme.

---

[55] J'ai écrit cela, car le seigneur du mois (maléfique et instable) affectait le palais 10 (le pouvoir des dirigeants). Combiné à Ketu, ça fait un cocktail explosif. Le seigneur du mois fera l'objet d'un prochain livre.

La numérologie des cycles

Les cycles sont universel

La numérologie des cycles, comme vous venez de le lire, ne s'arrête pas à l'humain. Cette numérologie est universelle, elle peut s'appliquer à une relation, une association, à un animal de compagnie, la pose de la 1ere pierre d'un édifice, une prise d'emploi, etc. Ce qui compte c'est d'avoir la date du début de cet évènement. La date doit représenter ce qui pour vous, marque le début de l'évènement. Si par exemple, je trouve la maison de mes rêves le 25 juin, que je signe le bail le 3 juillet et que je m'y installe le 9 juillet, quelle date allez-vous choisir ? Chaque action engendre une énergie. Dans la plupart des cas, l'acte écrit est privilégié (*dans cet exemple, c'est un bail*). Mais si pour vous, l'intégration des lieux, vous y installer marque profondément le début de cette association avec ce lieu, alors choisissez cette date. La numérologie des cycles fonctionne selon une globalité qui intègre l'énergie de la personne, du lieu, de l'évènement, de ce que ressent l'être à un moment particulier, relié à son karma. Pour la naissance de la Ve République française, elle est régie par la Constitution du 4/10/1958, approuvée à une très large majorité par voie référendaire le 28/9/1958 et le général de Gaulle a eu bien avant l'idée de cette réforme. Dans les évènements nationaux et internationaux, prenez l'acte officiel et reconnu du pays concerné. Vous trouverez en fin de livre une liste de quelques pays. Voyons maintenant ce que représentent les divinités les palais et les signes au niveau mondial, pour celles et ceux qui veulent voir l'évolution d'un pays particulier.

Les divinités au plan mondial
Surya ★★★🌐★★★ ⌘ *Mondial*
Les rois et les empereurs, les chefs d'État, les dictateurs, l'autorité, le prestige de la nation, la santé des habitants en général. Dans toute question financière, il régit l'or.
Chandra ★★★🌐★★★ ⌘ *Mondial*
Le peuple, l'opinion générale, les consultations électorales. Toute question financière, elle régit la monnaie. Elle concerne la terre, l'eau, les récoltes, l'agriculture.
Budha ★★★🌐★★★ ⌘ *Mondial*
La communication, l'informatique, les médias, les écrivains, les éditeurs, les professeurs, l'éducation nationale, la scolarité, les étudiants, la jeunesse.

| **Shukra** | ★★★🌍★★★ | ⚑ *Mondial* |

Toute question concernant, la mode, l'art, les mœurs, les spectacles, le monde féminin en général. Les traités, les contrats et accords. Elle est en lien avec les questions d'ordre diplomatique.

| **Kuja** | ★★★🌍★★★ | ⚑ *Mondial* |

Divinité guerrière, elle concerne l'activité militaire, la gendarmerie, la police, mais également les sportifs, les militants politiques ou syndicaux, la violence, la guerre, les incendies et explosions, la métallurgie, l'industrie (*surtout concernant les armes*), les ouvriers, il répond aux questions sur l'insécurité et la criminalité.

| **Guru** | ★★★🌍★★★ | ⚑ *Mondial* |

Les lois, les sénateurs, les députés, la justice. Les questions religieuses. Il régit l'import-export, les colonies, la bourse, les banques, la médecine en général. Il s'occupe de toute question concernant l'étranger.

Le seigneur du grand cycle

| **Shani** | ★★★🌍★★★ | ⚑ *Mondial* |

Les paysans et les artisans, les petits fonctionnaires, les hauts responsables politiques, la haute administration, les savants, les érudits. Il nous parle des contraintes et difficultés. Sur le plan financier, il concerne l'épargne. Sur le plan économique, **Shani** gère le patrimoine, le chômage, les restrictions, les retraites.

| **Rahu** | ★★★🌍★★★ | ⚑ *Mondial* |

Les moyens de communication par les ondes comme la radio la télévision etc, l'électricité, les relations et organisations internationales (OTAN, ONU..), les trahisons, les diplomates, l'espionnage, les trafics, la mafia, la drogue, la prostitution et l'alcool. l'argent blanchi, tout ce qui est caché, ce qui est vague, flou, nébuleux, confus, erroné, trompeur.

| **Ketu** | ★★★🌍★★★ | ⚑ *Mondial* |

Les changements radicaux et concerne tout ce qui est vraiment occulté, caché, soumis aux influences néfastes. Les questions de pollution, de nucléaire, de clonage, de contre-espionnage, d'épidémie, de croyance générant la peur, de destruction de masse, de mouvement idéologique, religieux et sectaire.

Les signes au plan mondial

| **Bélier** | ··•🌍•·· | ☆ *Mondial* |

C'est le signe le plus déterminé et le plus agressif du zodiaque. Il représente le début, l'initiative, l'enthousiasme et souligne les événements inattendus.

| **Taureau** | ··•🌍•·· | ☆ *Mondial* |

Ce signe concerne surtout les questions économiques, mais également l'élaboration, la construction, les efforts, le travail, les espoirs. Il représente la nature, l'agriculture, l'élevage, les propriétés foncières.

Couple ..•🌍•.. ☆ *Mondial*

C'est le signe le plus instable et le plus duel du zodiaque. Il concerne la jeunesse, la presse, la poste, les moyens de transport, les conférences, les échanges, tractations et relations diverses. Les États limitrophes.

Crabe ..•🌍•.. ☆ *Mondial*

Il concerne la production issue du terroir, les surfaces d'eau, le littoral, la marine, la pêche, l'instabilité populaire, les questions liées à la tradition, l'archéologie. Il régit les élections et consultations électorales par rapport à l'opinion publique.

Lion ..•🌍•.. ☆ *Mondial*

Le patriotisme et l'honneur national, les grands personnages, les chefs d'État, les empereurs et les rois. Il régit également les arts, les spectacles, la mode et les produits de luxe.

Jeune Fille   ☆ *Mondial*

Ce signe gouverne l'agriculture, les milieux scientifiques, l'administration, les terres et les biens immobiliers. Il régit la lutte contre toutes les pollutions.

Balance   ☆ *Mondial*

Ce signe régit les affaires diplomatiques, les accords et traités, la législation, le Code pénal et la justice. Il nous renseigne également sur l'art et les spectacles.

Scorpion   ☆ *Mondial*

Il souligne les maladies graves et les épidémies, la criminalité, les relations financières avec l'étranger et les problèmes politiques graves. Il nous renseigne également sur la prostitution, l'immoralité et la pollution.

| **Arc** | ..•🌎•.. | ☆ *Mondial* |

Il gouverne toutes les relations avec l'étranger, l'orientation politique dominante. Il nous renseigne sur les religions et la philosophie, ainsi que sur l'action humanitaire, les finances de l'état.

| **Crocodile** | ..•🌎•.. | ☆ *Mondial* |

Il nous renseigne sur tout ce qui a un rapport avec le conservatisme, l'autoritarisme. Il régit le pouvoir en général, les affaires d'argent ainsi que les affaires ayant un lien quelconque avec la politique.

| **Jarre** | ..•🌎•.. | ☆*Mondial* |

L'aspect réformateur de ce signe est de plus en plus évident. Il régit les organismes internationaux, scientifiques et météorologiques. Il nous renseigne sur l'exploration du cosmos, les actions sociales du gouvernement, les découvertes et idées novatrices, les appuis donnés ou reçus.

| **Poissons** ..•🌍•.. | ☆ *Mondial* |

Ce signe marque l'instabilité, le mystère et les choses cachées, les graves épidémies, les trafics, la criminalité, les trahisons, l'espionnage (industries, commerce, armées). Les scandales et ennemis cachés. Le domaine maritime est influencé par ce signe.

Les palais au plan mondial

| **Palais 1** ¤¤¤🌍¤¤¤ | ☐ *Mondial* |

La collectivité, les intérêts majeurs de la nation, les faits marquants, la mentalité générale, la vitalité du pays, le bien-être.

| **Palais 2** ¤¤¤🌍¤¤¤ | ☐ *Mondial* |

Les finances, possessions et richesses, la situation économique et monétaire, la bourse, le commerce, les impôts, les banques.

Le seigneur du grand cycle

| **Palais 3** | ¤ ¤ ¤ 🌍 ¤ ¤ ¤ | ☐ *Mondial* |

Les moyens de communication (presse, radio, téléphonie, télévision, Internet) et/ou physique, les déplacements, les routes, les canaux, les voies ferrées, les couloirs aériens, les médias, la littérature, les discours, les disputes, les contestations, la Poste, les pays limitrophes, l'Éducation nationale, les documents, papiers, contrats, la jeunesse.

| **Palais 4** | ¤ ¤ ¤ 🌍 ¤ ¤ ¤ | ☐ *Mondial* |

Les opposants au gouvernement, la rébellion, la révolution. Les produits issus de l'agriculture ou du terroir. Le patrimoine historique du pays, le passé politique de la nation. Les guerres civiles, les invasions.

| **Palais 5** | ¤ ¤ ¤ 🌍 ¤ ¤ ¤ | ☐ *Mondial* |

Tout ce qui concerne les jeux de hasard, les spéculations, les courses de chevaux ou autres, la bourse (*avec le palais 2 et le palais 8*). Les arts, la mode, les stars, les produits de luxe, le ministère de la Jeunesse et des Sports, les salles de jeux et de spectacles, les divertissements, le sport en général, les questions concernant la natalité.

Palais 6 ▫▫▫🌍▫▫▫ ☐ *Mondial*

Le ministère de la Santé, les maladies et épidémies, les contraintes et les restrictions. Les fonctionnaires de l'État, la police, l'armée. Les questions concernant l'immigration, légale ou non. Le chômage, les grèves.

Palais 7 ▫▫▫🌍▫▫▫ ☐ *Mondial*

Les traités, les accords commerciaux, la diplomatie, la politique étrangère, les alliances, les relations internationales, les guerres. Le ministère de la Justice, les procès, les opposants.

Palais 8 ▫▫▫🌍▫▫▫ ☐ *Mondial*

Les catastrophes naturelles, les accidents, les crises mettant en jeu l'indépendance nationale. Les centrales nucléaires, les industries militaires, chimiques, les usines de recyclage. Dettes et emprunts de l'État. Le budget des armées. Les impôts, les taxes.

Le seigneur du grand cycle

| **Palais 9** | ¤ ¤ ¤ 🌎 ¤ ¤ ¤ | ☐ *Mondial* |

Le ministère des Affaires étrangères, les colonies, les pays lointains, les DOM-TOM, la marine nationale. Les grands courants idéologiques et religieux, les orientations politiques. Les universités, les grandes écoles, la haute cour de justice, les lois, les échanges internationaux.

| **Palais 10** | ¤ ¤ ¤ 🌎 ¤ ¤ ¤ | ☐ *Mondial* |

Le chef de l'État, le pouvoir des dirigeants, les hauts personnages politiques, la situation ou le destin de la nation, son autorité, son pouvoir, sa puissance, sa renommée. Les célébrités nationales, les hautes classes sociales, la police, l'autorité en générale.

| **Palais 11** | ¤ ¤ ¤ 🌎 ¤ ¤ ¤ | ☐ *Mondial* |

Les pays alliés et les relations, les conseillers, les soutiens internationaux. Les conseils municipaux. Les associations de défense, les syndicats, les assurances. Tout ce qui concerne le cosmos, le ciel.

Palais 12 ⌑⌑⌑🌍⌑⌑⌑ ☐ *Mondial*

Les ennemis, les épreuves de la nation, l'espionnage, les complots, le terrorisme, la criminalité, les sectes ou les sociétés secrètes. Les grandes épidémies. Prisons, asiles et hôpitaux. Les maisons de retraite, les monastères, les abbayes, les couvents, les monuments religieux en général.

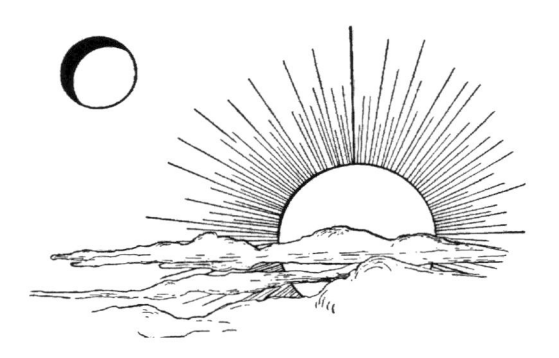

La IIIe République française

Voyons maintenant la IIIe république. Elle fut constituée le 4/9/1870 et se termina le 10/7/1940. Considérée à l'heure actuelle comme la plus stable, elle dura près de 70 ans. Née dans la défaite de la guerre de 1870, la IIIe République évolue de sa proclamation à sa chute dans un contexte de confrontation avec l'Allemagne.

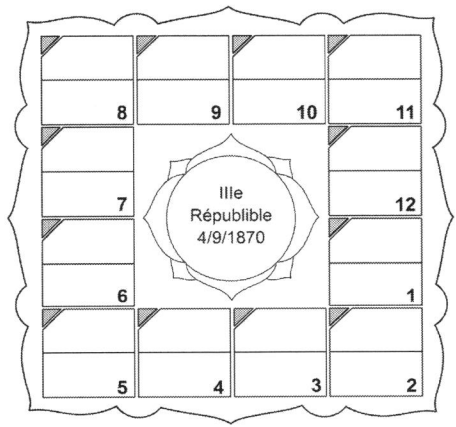

⇐ Voici le Kundali de naissance de la III⁰ République française. Le but de cette république à l'origine était la restauration de la monarchie. Le palais 1 est le Lion gouverné par **Surya** qui représente les rois, la monarchie. Cette politique ouvertement religieuse côtoie une politique farouchement antirépublicaine, qui sert à unir les monarchistes toujours divisés sur la restauration. La censure d'État frappe la presse républicaine, la commémoration du 14 juillet est interdite, les bustes de Marianne sont retirés des mairies.

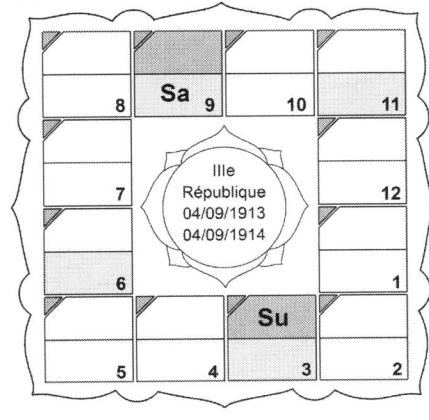

⇐ Voyons une période sombre de son histoire. Le 10/7/1940, face à la progression allemande, l'Assemblée nationale vote les pleins pouvoirs constituants à Pétain. Le lendemain, le 11/7/1940, Pétain se nomme lui-même :

"chef de l'État français"

mettant de facto un terme à la Troisième République. Regardons ce Kundali lors de l'invasion allemande pendant la Seconde Guerre mondiale. Le seigneur du palais 1 **Surya** (*IIIe république*) se trouve en palais instable (*palais 3*), mais aussi en palais terne! et regardé par le seigneur **Shani**, seigneur du palais 6 (*hostilité*) et du palais 7 (*l'ennemi, ici l'armée allemande*).

Cette IIIe république était très faible par les évènements terribles qu'une guerre peut apporter, elle fut dissoute.
Vous ne remarquez pas une chose étrange ?
Si le seigneur du palais 1 de la IIIe république était en palais terne, le seigneur du palais 7 (*opposant*) se trouve aussi en palais terne! Alors, comment interpréter cela ? L'une des deux divinités est en palais de la chance le palais 9 et en signe du Bélier (*Guerre éclair*)[56] et regarde son palais source, (*palais 6, compétition*) l'autre (*France*) en palais 3, palais de

---

[56] Le Blitzkrieg (signifiant en allemand « guerre éclair ») est une tactique offensive visant à emporter une victoire décisive par l'engagement localisé et limité dans le temps d'un puissant ensemble de forces mécanisées, terrestres et aériennes dans l'optique de frapper en profondeur la capacité militaire, économique ou politique de l'ennemi.

mouvement (*exode*)[57] de discussion souvent stérile. Les forces ne sont pas équitables, mais le seigneur **Shani** étant aussi en palais terne cela a donné la ligne de démarcation[58]. C'est au moment où le seigneur **Surya** entre en palais terne (4/6/1940) que l'armistice fut signé *(signature le 22/6/1940)*. Les deux divinités en palais terne cherchent un terrain d'entente, en fait cela arrange les deux parties.

Au niveau mondial:
Shani (*armée allemande*) dans le signe du Bélier.
"C'est le signe le plus déterminé et le plus agressif du zodiaque."
synthèse: l'armé allemande envahie la France. Dès le début de cette ligne de démarcation, des "passeurs" d'une zone à l'autre s'est mis en place au péril de leurs vies.

---

[57] L'exode de 1940 en France est une fuite massive de populations belges, hollandaises, luxembourgeoises et françaises en mai-juin 1940 lorsque l'armée allemande envahit la Belgique, les Pays-Bas et la majorité du territoire français pendant la bataille de France. Cet exode est l'un des plus importants mouvements de population du xxe siècle en Europe.

[58] La ligne de démarcation est en France, pendant la 2e Guerre mondiale, la limite entre la zone occupée par l'Armée allemande et la zone libre non occupée. Fixée par l'armistice du 22/6/1940, d'environ 1 200 km, elle entre en vigueur le 25/6/1940.

La numérologie des cycles

La numérologie des cycles offre un merveilleux support à l'intuition. Observez: **Surya** se trouve en palais 3 et celui-ci gouverne au plan mondial les **voies ferrées**, *(les trains)*, **les documents, papiers, contrats** ce traité est signé dans un train![59]

Ce palais 3 est dans le signe de la Balance et ce signe régit les affaires diplomatiques, **les accords et traités**. Ce que représente **Surya**, les **chefs d'État**, les **dictateurs**, et **Shani**, les hauts responsables **politiques**.

Lorsque vous regardez cette photo prise à la signature de l'armistice, tous les éléments sont révélés par les cycles, c'est comme si vous étiez présent ce 22/6/1940.

Laissez parler le Kundali et votre intuition, car cette divine science est un équilibre entre connaissance et intuition.

---

[59] Ce wagon est emporté et incendié en Allemagne en avril 1945.

Le maréchal Pétain

⇦ Philippe Pétain, né le jeudi 24/4/1856. Dessinons son Kundali lorsqu'il se nomme lui-même "chef de l'État français" le 11/7/1940. Ce Kundali est intéressant, car vous le savez un dirigeant et son pays sont liés au même destin.

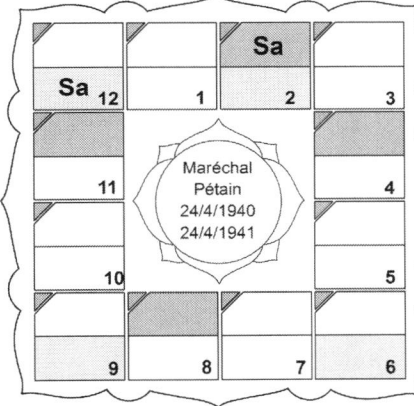

Pour la IIIe république, **Shani** seigneur du palais 7 (*les opposants*) représente l'ennemi de la France et nous voyons que le maréchal Pétain active deux fois **Shani**, comprenez je compose ou je fais alliance avec les Allemands ou bien je souscris et je consens à ce que représente l'opposant. Voyez que son palais 7 n'est pas activé ni regardé par ses cycles, pour lui, il n'y a pas vraiment d'opposant.

"...il s'oppose à la poursuite d'une guerre qu'il considère comme perdue et dont il impute bientôt la responsabilité au régime républicain. le 16/6/1940, il appelle à cesser le combat."

"...Selon la volonté d'Adolf Hitler, il fait signer l'armistice du 22/6/1940 avec le Troisième Reich"

Ce **Shani** en palais 12 montre ici, pour lui, la perte de la France et de son statut (*une partie de la population est contre sa politique et le considère de traitre à la nation*). Le palais 12 indique aussi ce qui est étranger et donc ici l'occupant. N'oublions pas que **Shani**, gouverne le palais 10, le pouvoir, et il se trouve en palais 12, (*Le don de soi*)

Voici une phrase célèbre tirée de son discours radiodiffusé le 17/6/1940: "*je fais à la France le don de ma personne, pour atténuer son malheur*". Fait aussi marquant est que les deux **Shani** du maréchal, active le palais 10 de la IIIe république, le seigneur du grand cycle qui se place sur ce palais et le seigneur de l'année avec un regard particulier.

Synthèse: la carrière du maréchal (*palais10*) se place et investit le destin de la nation (*palais 10 de la république au niveau mondial*).

Voici encore quelques extraits de son discours à la nation, qui est révélateur de ses cycles: "*j'assume à partir d'aujourd'hui la direction du gouvernement de la France*" (Palais 10)

"*Que tous les Français se groupent autour du gouvernement que je préside..*" (Palais 10)

Garde-toi des folies de l'ambition et des tourments de l'envie.

proverbe Hindou

Le seigneur du grand cycle

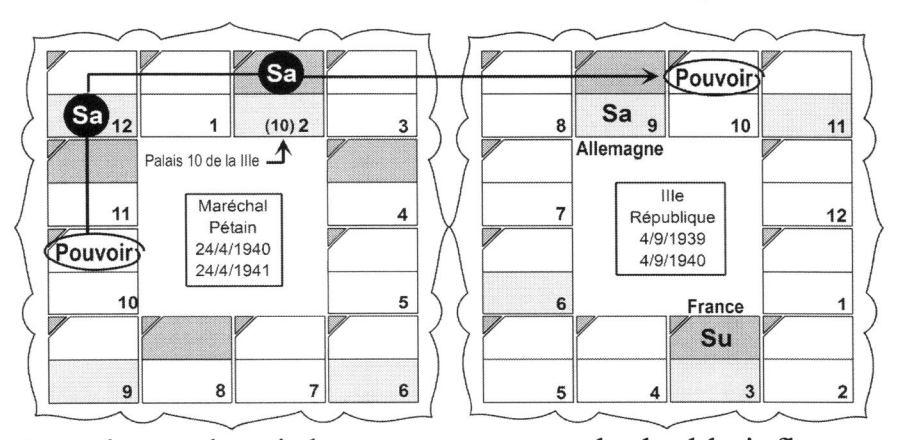

Avec les cycles ci-dessus, vous voyez la double influence du palais 10 du maréchal Pétain sur le palais 10 de la république. Le signe du Taureau de la IIIe république est ici le lieu du pouvoir (*palais 10*). Remarquez que le palais 11 (*amis, relation, appuis*) du maréchal est le palais 7 (*opposant*) de la république. Comprenez les opposants auront faveur ou appuis de Pétain. Vous pouvez continuer la synthèse en observant ces deux Kundali, par exemple: L'Allemagne se trouve dans le palais 1 du Maréchal Pétain, Il active deux fois **Shani** qui représente également les opposants de la république (*palais 7*), intérêt commun et domination du belligerant sur le maréchal. **Shani** représente les structures, établissement d'un nouvel ordre pour la France (*travail, famille, patrie*)[60].

Essayer de développer et laisser parler le Kundali.

---

[60] Travail, Famille, Patrie est la devise officielle de l'État français pendant la période dite du régime de Vichy. Cette devise figure notamment sur les pièces de monnaie de cette époque.

La numérologie des cycles

"...Il s'octroie le 11/7/1940 le titre de chef de l'État français à 84 ans. Il conserve cette fonction durant les quatre années de l'occupation de la France par l'Allemagne nazie."

P	10	11	12	1	2	3	4	5	6	7	8	9
		1	2	3	4	5	6	7	8	9	10	11
		2	4	6	8	10		2	4	6	8	10
			3	6	9		3	6	9		3	6
Sa	82	6	83	6	84	6	85	6	86	6	87	6	88
Dte	24/4/38	24/10/38	24/4/39	24/10/39	24/4/40	24/10/40	24/4/41	24/10/41	24/4/42	24/10/42	24/4/43	24/10/43	24/4/44

⟵ 4 ans ⟶

C'est étonnant de voir qu'il reste également quatre années au seigneur **Shani** pour terminer son grand cycle !

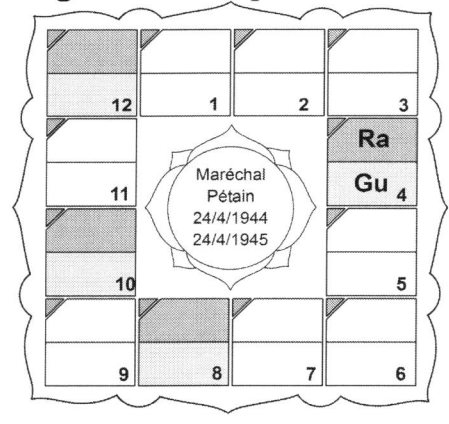

Le 24/4/1944, le seigneur de l'année est **Guru** (*seigneur du palais 9 et 12*) et le grand cycle débute pour six ans avec **Rahu**. **Guru** en **Vedha** fait que le régime de Vichy, qu'il dirige jusqu'en juillet 1944, est déclaré illégitime, nul et non avenu par le général de Gaulle à la Libération. Le seigneur du palais 12 lui retire ce pouvoir. Emmené contre son gré par les Allemands en Allemagne puis en Suisse, où il se rend aux autorités françaises. Le palais 4 représente le pays du consultant, mais par les impacts que ce palais reçoit, le consultant ne peut rester au même endroit. **Guru** active

Le seigneur du grand cycle

pleinement les effets du palais 9 et 12 (*exil, départ, voyage*) ainsi que **Rahu** (*ce qui est étranger, l'illusion*). Le maréchal Pétain se constitue prisonnier auprès des autorités françaises au poste-frontière franco-suisse de Vallorbe le 26/4/1945. L'évènement est intéressant, car deux jours plus tôt, le 24/4/1945, **Guru** termine sa régence et libère le palais 4 (*le pays, le foyer*). Le maréchal Pétain se livre aux autorités de son pays. Philippe Pétain est jugé pour intelligence avec l'ennemi et haute trahison par la Haute Cour de justice le 23/7/1945 et la condamnation est prononcée le 15/8/1945. À cette période le seigneur de l'année est **Rahu**, nous avons donc deux fois cette divinité. Il est frappé d'indignité nationale, condamnée à la confiscation de ses biens et à la peine de mort[61]. **Rahu** gouverne l'emprisonnement. Bien évidemment la double influence du seigneur **Rahu** ⇐(*Emprisonnement*) fait son œuvre, mais je tiens apporter ici une précision, le mois de sa condamnation le seigneur du mois était également **Rahu** ce qui forme un Tri-Deva[62] particulièrement hostile au consultant. Il meurt le 23/7/1951 (*95 ans*) dans le grand cycle de **Ketu**.

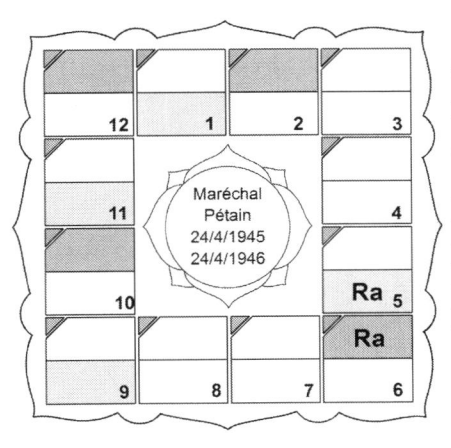

---

[61] Par le même procureur (Mornet) qui condamna Mata Hari à la peine de mort.

La numérologie des cycles

La 1re guerre mondiale

Mais qu'en est-il de la 1re guerre mondiale ?
Le 3/8/1914, l'Allemagne déclare la guerre à la France.
Nous allons dessiner le Kundali à cette époque.

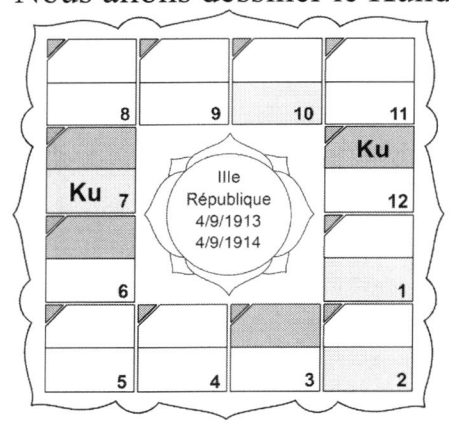

Deux divinités de guerre, (*Kshatrya*) **Kuja - Kuja**. Les deux divinités regardent le palais 7 (*l'opposant*). **Kuja** en palais d'obstruction est difficile. La guerre dans le contexte politique de l'époque était inévitable. Remarquer aussi une subtilité dans la numérologie des cycles, lors de la Seconde Guerre mondiale, le seigneur du palais 7 (*opposant*) se trouvait en palais 9, ici lors de la 1re guerre mondiale, c'est le seigneur du palais 9 qui se trouve en palais 7. Le palais 9 est relié à ce qui est étranger, lointain, je dirai pour un pays à une mondialité ou à une globalité, comme l'on veut et par analogie on peut parler d'extension d'expansion, d'élargissement. Pour une entreprise, cela pourrait suggérer un commerce relié à l'import - export par exemple. Rappelez-vous "apprenez à dépasser les mots."

---

[62] Le concept du Tri-Deva est étudié dans le livre "Le seigneur du mois".

Palais 1 au niveau mondial: La collectivité, les intérêts majeurs de la nation, les faits marquants, la mentalité générale, la vitalité du pays, le bien-être.
Palais 7 au niveau mondial: Les traités, les accords commerciaux, la diplomatie, la politique étrangère, les alliances, les relations internationales, les **guerres**. Le ministère de la Justice, les procès, les **opposants**.

Le palais 7 doublement affligé par **Kuja** (*caste des kshatriya «guerriers»*) signe ce conflit, qui fera des millions de victimes l'un des **Kuja** se trouve en palais **Vedha** (*Obstruction, difficultés*). Le palais 10 évoque l'économie, mais aussi le destin de la nation, son autorité, son pouvoir, sa puissance. Tout cela est malmené par le regard du seigneur **Kuja**. Il est à noter que le seigneur du mois[63] qui était activé lors de la déclaration de guerre était aussi le seigneur **Kuja** ce qui forme la aussi un **Tri-Deva** particulièrement hostile.

"L'homme est son propre démon."
Proverbe hindou

---

[63] Livre 'Le seigneur du mois'

Mai 68

Quel était le Kundali de la Ve république pendant les évènements de mai 1968 ?

Selon Wikipedia, les grandes dates du mouvement sont:

22/3/1968. Début du Mouvement (Spontanéisme).
3/5/1968. Début de l'occupation de la Sorbonne.
13/5/1968. Début d'une grève générale.
27/5/1968. Signature des accords de Grenelle.
30/5/1968. Dissolution de l'Assemblée nationale.

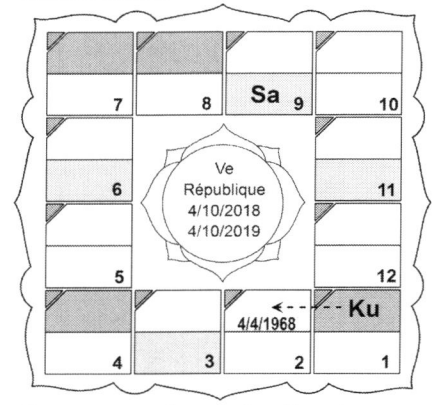

Nous voyons là encore **Kuja** œuvrer. Seigneur du palais 3 (*les disputes, les contestations, la jeunesse*) et palais 8 (*événement soudain, les crises*) il se trouve être en palais 1, la république est en difficulté dans ses fondements. Le seigneur **Shani** gouverne le palais 5 (*le ministère de la Jeunesse, les questions concernant la natalité.*) et le palais 6 (*le chômage, les grèves*).

Le seigneur du grand cycle

Quelques chiffres lors de la crise de mai 1968 avec de nombreuses fermetures d'usines dans le textile, la mécanique, la métallurgie;
entre 470 000 et 500 000 demandeurs d'emploi ;
cinq millions de personnes sous le seuil de pauvreté ;
Deux millions de personnes perçoivent des salaires de l'ordre de 400 ou 500 francs par mois.(*61€ ou 76€*)
Le gouvernement venait de créer l'ANPE[64] (*1967*).
Le seigneur **Shani** se trouve en palais 9 (*les grands courants idéologiques et religieux, les orientations politiques. Les universités*). Tout cela est abîmé et marche au ralenti (*Shani retarde ou gèle les situations*).
Le 4/4/1968, le seigneur **Kuja** passe dans le palais 2 (*finance*) de la Ve république. De là il regarde son propre palais, le palais 8 il y restera jusqu'au 4/10/1968.

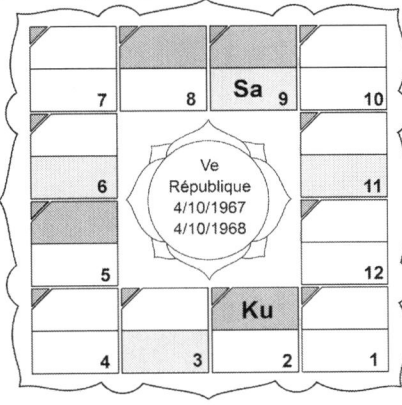

⇐ Le palais 8 génère ici la violence, qui est aussi le signe du Bélier .

Palais 8 (*les crises mettant en jeu l'indépendance nationale*). Tout cela de façon anarchique et spontanée.

(**Kuja**: *évènement brusque et rapide*).

...Il n'y a pas eu à proprement parler de *"figures de proue"*

---

[64] Agence nationale pour l'emploi.

du mouvement, qui est demeuré *"multiforme"* et sans organisation centralisée.

Bélier: C'est le signe le plus déterminé et le plus agressif du zodiaque. Il représente le début, l'initiative, l'enthousiasme et souligne les événements inattendus.

Le palais 9 est doublement affligé par deux divinités maléfiques naturelles. Ce que représente le palais 9: Les grands courants idéologiques et religieux, les orientations politiques. Les universités, les grandes écoles, la haute cour de justice, les lois.

Tout cela est mis à mal par les revendications de mai 1968.

*"...*Le 2/5/1968, une journée « *anti-impérialiste* » est organisée à l'université de Nanterre, conduisant alors la fermeture administrative de la faculté, ce qui provoque la diffusion du mouvement de contestation, dès le lendemain, au Quartier latin et à la Sorbonne...la cour de la Sorbonne est occupée par 400 manifestants.*"*

*"...*Le mouvement est porteur d'un idéal politique très libertaire.*"*

Deux forces contradictoires ressortent pendant cette année, **Kuja** par la spontanéité, l'agressivité, la violence et **Shani** qui gouverne, les hauts responsables politiques, la haute administration qui est dans l'immobilisme d'une administration vieillissante.

Le seigneur du grand cycle

affiche de l'époque

Le grand cycle du seigneur **Kuja** se termine le 4/10/1969 et la Ve république débute son nouveau grand cycle avec **Budha**, qui gouverne le palais 1 et le palais 10 (*son autorité, son pouvoir, sa puissance*). L'état reprend le "contrôle" pourrait-on dire.

Les années 60 se terminent et une nouvelle décennie commence avec une crise pétrolière à l'horizon de 1973 et bien sûr le grand cycle qui commence le 4/10/1971 et pour une durée de six ans est le seigneur de la restriction **Shani**, Començant son cycle en palais 1 !

C'est ce que l'on appelle en France "la fin des trente glorieuses" (1945 - 1973) par le choc pétrolier en 1971. En l'espace d'un an, les prix du baril montent de 3$ à 12$.

Notre-Dame de Paris

un incendie majeur survenu à la cathédrale Notre-Dame de Paris, les 15 et 16 avril 2019, pendant près de 15 heures. Le sinistre se déclare en fin d'après midi à l'intérieur de sa charpente et prend rapidement une grande ampleur. L'incendie entraîne une très forte émotion, tant en France que dans le reste du monde, ainsi qu'une importante couverture médiatique.

Après l'incendie de Notre-Dame, une question persiste, trouvera-t-on un jour la cause de ce sinistre ? Et l'on se demande encore s'il s'agit d'un acte de malveillance ou d'un banal accident. Bien, après les faits, voyons ce drame sous l'angle de la numérologie des cycles. Pour cela je prends comme Kundali celui de la Ve république qui débute le 4/10/1958. Remarquons tout de suite que **Rahu** et **Ketu** gouvernent les deux cycles, ce qui entoure les choses de mystère. Le seigneur de l'année

Le seigneur du grand cycle

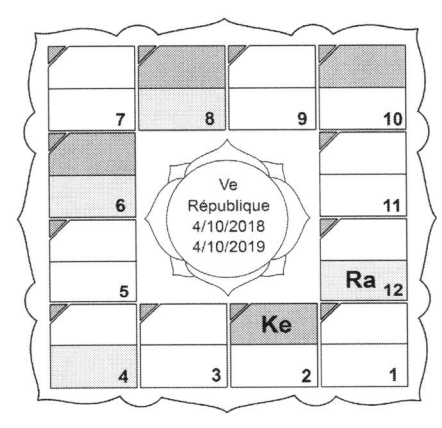

Rahu se positionne au palais 12. Un cycle de douze ans[65] se termine, pour la Ve république. Activant le palais 12, cela montre des dangers et choses cachés. Nous lisons au niveau mondial du palais 12: *"les monastères, les abbayes, les couvents, les monuments religieux en général."*

Rahu, divinité dangereuse dévoile bien les problèmes. Sur le plan mondial *"ce qui est vague, flou, nébuleux, confus, erroné, trompeur."* On ne sait toujours pas ce qui s'est passé. L'année du 4/10/2018 au 4/10/2019 est donc dangereuse et un évènement imprévu était à prévoir et touchant un monument religieux. Le seigneur du grand cycle est **Ketu**[66], et entre dans sa première année, il débute donc le 4/10/2018 et finira le 4/10/2021. Ces trois années seront difficiles et éprouvantes pour les Français[67]. Vous voyez que ces deux divinités maléfiques activent les palais 6 et 8 qui régissent les accidents, les évènements brusques et les violences. Il y a peu de chance de savoir ce qu'il s'est passé réellement, car **Rahu** et **Ketu** enveloppent d'un voile épais les faits. **Ketu** gouverne les épidémies annonce-t-il le Coronavirus ?

---

[65] Ce qui coïncide avec la fin du mouvement des gilets jaunes et à quelques mois du coronavirus. La Fin et le début d'un cycle sont toujours délicats.
[66] Le seigneur du mois lors de l'incendie était aussi Ketu !
[67] J'ai écrit cela avant la crise du Coronavirus.

Conclusion

Comme pour le seigneur de l'année, le seigneur du grand cycle est un mouvement d'énergie subtil créé par la date de naissance du consultant et lié à son destin jusqu'à sa fin.

Tout dans l'univers est énergie et l'énergie oscille comme l'on peut le voir sur un oscilloscope. Il en est de même pour la numérologie des cycles, qui matérialisent les oscillations de votre vie. Vous êtes énergie alors il y a oscillation. Pouvez-vous affirmer que tout est "rose" dans votre vie depuis 20 ans ? Ces mouvements cycliques sont à l'image de l'univers, une étoile née, grandit, disparaît, et une autre étoile née. Le cycle d'une étoile où le vôtre est uniquement différencié par la durée de ce cycle. Vous vous dites bien sûr que les évènements d'une étoile, n'est pas comparables à ma relation sentimentale difficile que je vis, mais n'y a-t-il y pas aussi trois phases pour une étoile ? La naissance (*début de la relation*), l'apogée (*épanouissement de la relation*), la destruction (*déclin de la relation*). Les cycles vous permettent aussi de relativiser certains évènements délicats. Vous savez maintenant qu'il y a des divinités maléfiques, mais aussi, et heureusement, des divinités bénéfiques. Ne dit ont pas en France " *après la pluie vient le beau temps* ". Comprenez bien les cycles, voyez ce qu'ils peuvent vous apporter dans votre vie et celle des autres. C'est une aide merveilleuse pour comprendre certaines situations. Pensez aussi que la numérologie des cycles ne prédit pas tout, elle montre l'énergie du moment pour appréhender et se préparer à cette situation que vous vivez. C'est une aide précieuse pour son développement intérieur, sa spiritualité, sa philosophie de la vie. C'est aussi un soutien inestimable pour guider les autres, qui voient leurs chemins de vie s'altérer par des évènements douloureux. Que vous soyez un particulier ou un professionnel de l'accompagnement, la numérologie des cycles vous apportera une compréhension du moment vécu. Comme je l'ai précisé dans le premier livre, lors de vos consultations ne soyez pas fataliste, n'affolez pas la personne qui vient cherchez une réponse ou une aide à son interrogation, conseillez là, guidez là, vous le pouvez, votre connaissance des cycles cosmiques s'est accru.

❖

N'hésitez pas à m'écrire pour me faire part de votre pratique de la numérologie des cycles dans votre vie, en consultation, en développement personnel, en spiritualité, ou autres, que vous soyez particulier ou professionnel, j'en serai vraiment ravi.

Je vous souhaite de très belles découvertes.

Yann Manes
Nîmes le 5/1/2023

Information

Sur les pages suivantes, tous les tableaux dont vous avez besoin pour la numérologie des cycles. Le calendrier débute en 1901, si vous êtes passionné d'histoire ou de généalogie et que vous souhaitez calculer des faits historiques ou familiaux plus anciens, écrivez-moi pour me demander le tableau dont la date débute en 1601. À cette occasion, faites-moi part de l'utilisation que vous en faites dans votre vie.

Les Kundali du livre ont été réalisés à partir du logiciel
S.A.M.S.A.R.A.Pro
que vous pouvez essayer et acheter sur le site.
En savoir plus, allez à la rubrique: S.A.M.S.A.R.A
Télécharger ou imprimer la fiche témoin sur la numérologie des cycles, au format A4 sur mon site, à la rubrique: téléchargement.

Yann Manes est guérisseur, canal, voyant, astrologue et numérologue védique, Il donne des consultations à son bureau ou par téléphone. Il organise des stages de formation à l'oracle des 9 joyaux et à la numérologie des cycles.
Il est aussi le concepteur du logiciel **S.A.M.S.A.R.A**.

Renseignement et information
Site: www.etoiledivine.com
✉
E-mail: yannmanes@hotmail.com

Le seigneur du grand cycle

Liste des pays

Pays	Date
Afganistan	19/8/1919
Afrique du ^{Sud}	31/5/1910
Allemagne	18/1/1871
Algérie	05/7/1962
Argentine	09/7/1816
Australie	01/1/1901
Arabie Saou^{dite}	20/5/1927
Autriche[68]	15/5/1955
Belgique	04/10/1830
Birmanie	04/1/1948
Brésil	29/8/1825
Canada	01/7/1867
Chine[69]	01/1/1912
Corée (*sud*)	15/8/1948
Corée (*Nord*)	09/9/1948
Cuba	20/5/1902
Danemark	05/6/1849
Égypte	18/6/1953
Espagne[70]	06/06/1801
France I^e RF	21/9/1792
France IIe RF	24/2/1848
France IIIe RF	04/9/1870
France IVe RF	30/10/1946
France V^e RF	04/10/1958
Grèce[71]	01/1/1822
Inde	15/8/1947
Indonésie	17/8/1945
Iran	01/2/1979
Iraq	14/7/1958
Irlande	29/12/1937
Israël	14/5/1948
Italie	17/3/1861
Japon[72]	29/11/1890
Kenya	12/12/1963
Koweit	19/6/1961
Luxembourg	23/11/1890
Liban	22/11/1943
Malaisie	31/8/1957
Maroc	07/4/1956
Mexique	16/9/1810
Nepal	21/12/1768
New-Zealand	26/9/1907
Pakistan	14/8/1947

---

[68] Rétablissement de l'Autriche comme un État souverain.
[69] Fondation de la république populaire de Chine le 01/10/1949
[70] la constitution actuelle espagnole le 29/12/1978
[71] établissement de la Troisième République hellénique 11/6/1975
[72] nouvelle constitution, établissement d'une démocratie 03/5/1947

La numérologie des cycles

Pérou	28/7/1821
Pologne	11/11/1918
Portugal	01/12/1640
Royaume Uni	01/1/1801
Russie[73]	25/12/1991
Singapour	09/8/1965
Sri Lanka	04/2/1948
Suède	06/6/1623
Suisse	01/8/1291
Turquie	29/10/1923
Tunisie	20/3/1956
Tibet	14/2/1913
USA	04/7/1776
Vatican	11/2/1929
Vietnam	02/9/1945

Les dates de souveraineté des pays fluctuent, par le fait des déséquilibres mondiaux. Pour la France il y a 5 républiques alors prenez la date correspondant à l'évènement recherché. Exemple pour la 1ere guerre mondiale, le point de départ est la date de la IIIe RF 04/9/1870 qui se termina le 30/10/1946.

Pages suivantes, vous trouvez tous les tableaux pour monter un thème et que vous pouvez photocopiez.

Pour trouver toutes les dates souhaitées:
Tapez sur Google: Indépendance "puis le pays recherché" exemple:indépendance Royaume-Uni

Ou bien ce lien ci-dessous et vous avez la liste des pays par date d'acquisition de la souveraineté:
https://fr.wikipedia.org/wiki/Liste_de_pays_par_date_d%27acquisition_de_la_souveraineté

---

[73] Proclamation de l'Union soviétique 30/12/1922

Le seigneur du grand cycle

Date de la consultation: ....

Nom: ....

Date de naissance: ....

Age: ....

du: .... *au:* ....

Di	Lu	Ma	Me	Je	Ve	Sa
1	2	9	5	3	6	8

J.de.S	
Jour	
Mois	
Année	
Total	
DEVA	

1	2	3	6
Ca	Su Bu	Sk Ke	Gu Ra Sa Ku

P											
		1	2	3	4	5	6	7	8	9	10	11
			2	4	6	8	10		2	4	6	8	10
			3	6	9		3	6	9		3	6	9
			6		6		6		6		6		6
Dte →											

La numérologie des cycles

Siècle		Bélier	Taureau	Couple	Crabe	Lion	J - Fille	Balance	Scorpion	Arc	Crocodile	Jarre	Poissons	
2050	A	13/04	14/05	14/06	16/07	16/08	17/09	17/10	16/11	15/12	13/01	12/02	14/03	A
	B	13/05	13/06	15/07	15/08	16/09	16/10	15/11	14/12	12/01	11/02	13/03	12/04	B
2000	A	12/04	13/05	14/06	15/07	15/08	15/09	16/10	15/11	14/12	14/01	12/02	13/03	A
	B	12/05	13/06	14/07	14/08	14/09	15/10	14/11	13/12	13/01	11/02	12/03	11/04	B
1950	A	13/04	13/05	14/06	15/07	15/08	15/09	16/10	15/11	15/12	13/01	11/02	13/03	A
	B	12/05	13/06	14/07	14/08	14/09	15/10	14/11	14/12	12/01	10/02	12/03	12/04	B
1900	A	12/04	13/05	13/06	14/07	15/08	15/09	15/10	14/11	14/12	12/01	11/02	12/03	A
	B	12/05	12/06	13/07	14/08	14/09	14/10	13/11	13/12	11/01	10/02	11/03	11/04	B

Le seigneur du grand cycle

Tableau des degrés

▼	11	12	13	14	15	16	17	18	A	B	10	11	12	13	14	15	16	17	▼
11	00°	▽	▽	▽	▽	▽	▽	▽		▼	▽	▽	▽	▽	▽	▽	▽	29°	17
12	01°	00°	▽	▽	▽	▽	▽	▽		▼	▽	▽	▽	▽	▽	▽	29°	28°	16
13	02°	01°	00°	▽	▽	▽	▽	▽	13	13	▽	▽	▽	▽	▽	29°	28°	27°	15
14	03°	02°	01°	00°	▽	▽	▽	▽	14	14	▽	▽	▽	▽	29°	28°	27°	26°	14
15	04°	03°	02°	01°	00°	▽	▽	▽	15	13	▽	▽	▽	29°	28°	27°	26°	25°	13
16	05°	04°	03°	02°	01°	00°	▽	▽	16	12	▽	▽	29°	28°	27°	26°	25°	24°	12
17	06°	05°	04°	03°	02°	01°	00°	▽	17	11	▽	29°	28°	27°	26°	25°	24°	23°	11
18	07°	06°	05°	04°	03°	02°	01°	00°	18	10	29°	28°	27°	26°	25°	24°	23°	22°	10
19	08°	07°	06°	05°	04°	03°	02°	01°	19	09	28°	27°	26°	25°	24°	23°	22°	21°	09
20	09°	08°	07°	06°	05°	04°	03°	02°	20	08	27°	26°	25°	24°	23°	22°	21°	20°	08
21	10°	09°	08°	07°	06°	05°	04°	03°	21	07	26°	25°	24°	23°	22°	21°	20°	19°	07
22	11°	10°	09°	08°	07°	06°	05°	04°	22	06	25°	24°	23°	22°	21°	20°	19°	18°	06
23	12°	11°	10°	09°	08°	07°	06°	05°	23	05	24°	23°	22°	21°	20°	19°	18°	17°	05
24	13°	12°	11°	10°	09°	08°	07°	06°	24	04	23°	22°	21°	20°	19°	18°	17°	16°	04
25	14°	13°	12°	11°	10°	09°	08°	07°	25	03	22°	21°	20°	19°	18°	17°	16°	15°	03
26	15°	14°	13°	12°	11°	10°	09°	08°	26	02	21°	20°	19°	18°	17°	16°	15°	14°	02
27	16°	15°	14°	13°	12°	11°	10°	09°	27	01	20°	19°	18°	17°	16°	15°	14°	13°	01
28	17°	16°	15°	14°	13°	12°	11°	10°	28										
29	18°	17°	16°	15°	14°	13°	12°	11°	29										
30	19°	18°	17°	16°	15°	14°	13°	12°	30										
31	20°	19°	18°	17°	16°	15°	14°	13°	31										

⇦ **Tableau des degrés** ⇧

⇩ **Tableau des Nakshatra**

	Deg. début	Deg. fin	Nak.	N°
Be	00°	12°	Ke	01
Be	13°	26°	Sk	02
Be	27°	29°	Su	03
Ta	00°	09°	Su	03
Ta	10°	22°	Ca	04
Ta	23°	29°	Ku	05
Co	00°	06°	Ku	05
Co	07°	19°	Ra	06
Co	20°	29°	Gu	07
Cb	00°	02°	Gu	07
Cb	03°	16°	Sa	08
Cb	17°	29°	Bu	09
Li	00°	12°	Ke	10
Li	13°	26°	Sk	11
Li	27°	29°	Su	12
Jf	00°	09°	Su	12
Jf	10°	22°	Ca	13
Jf	23°	29°	Ku	14
Ba	00°	06°	Ku	14
Ba	07°	19°	Ra	15
Ba	20°	29°	Gu	16
Sc	00°	02°	Gu	16
Sc	03°	16°	Sa	17
Sc	17°	29°	Bu	18
Ar	00°	12°	Ke	19
Ar	13°	26°	Sk	20
Ar	27°	29°	Su	21
Cc	00°	09°	Su	21
Cc	10°	22°	Ca	22
Cc	23°	29°	Ku	23
Ja	00°	06°	Ku	23
Ja	07°	19°	Ra	24
Ja	20°	29°	Gu	25
Po	00°	02°	Gu	25
Po	03°	16°	Sa	26
Po	17°	29°	Bu	27

La numérologie des cycles

Su	01-02	36-37	71-72	Ku	01-06	36-41	71-76	Ra	01-06	36-41	71-76
Ca	03	38	73	Bu	07-08	42-43	77-78	Ke	07-09	42-44	77-79
Sk	04-06	39-41	74-76	Sa	09-14	44-49	79-84	Gu	10-15	45-50	80-85
Ku	07-12	42-47	77-82	Ra	15-20	50-55	85-90	Su	16-17	51-52	86-87
Bu	13-14	48-49	83-84	Ke	21-23	56-58	91-93	Ca	18	53	88
Sa	15-20	50-55	85-90	Gu	24-29	59-64	94-99	Sk	19-21	54-56	89-91
Ra	21-26	56-61	91-96	Su	30-31	65-66	100-101	Ku	22-27	57-62	92-97
Ke	27-29	62-64	97-99	Ca	32	67	102	Bu	28-29	63-64	98-99
Gu	30-35	65-70	100-105	Sk	33-35	68-70	103-105	Sa	30-35	65-70	100-105
Ca	**01**	**36**	**71**	Bu	01-02	36-37	71-72	**Ke**	**01-03**	**36-38**	**71-73**
Sk	02-04	37-39	72-74	Sa	03-08	38-43	73-78	Gu	04-09	39-44	74-79
Ku	05-10	40-45	75-80	Ra	09-14	44-49	79-84	Su	10-11	45-46	80-81
Bu	11-12	46-47	81-82	Ke	15-17	50-52	85-87	Ca	12	47	82
Sa	13-18	48-53	83-88	Gu	18-23	53-58	88-93	Sk	13-15	48-50	83-85
Ra	19-24	54-59	89-94	Su	24-25	59-60	94-95	Ku	16-21	51-56	86-91
Ke	25-27	60-62	95-97	Ca	26	61	96	Bu	22-23	57-58	92-93
Gu	28-33	63-68	98-103	Sk	27-29	62-64	97-99	Sa	24-29	59-64	94-99
Su	34-35	69-70	104-105	Ku	30-35	65-70	100-105	Ra	30-35	65-70	100-105
Sk	**01-03**	**36-38**	**71-73**	**Sa**	**01-06**	**36-41**	**71-76**	**Gu**	**01-06**	**36-41**	**71-76**
Ku	04-09	39-44	74-79	Ra	07-12	42-47	77-82	Su	07-08	42-43	77-78
Bu	10-11	45-46	80-81	Ke	13-15	48-50	83-85	Ca	09	44	79
Sa	12-17	47-52	82-87	Gu	16-21	51-56	86-91	Sk	10-12	45-47	80-82
Ra	18-23	53-58	88-93	Su	22-23	57-58	92-93	Ku	13-18	48-53	83-88
Ke	24-26	59-61	94-96	Ca	24	59	94	Bu	19-20	54-55	89-90
Gu	27-32	62-67	97-102	Sk	25-27	60-62	95-97	Sa	21-26	56-61	91-96
Su	33-34	68-69	103-104	Ku	28-33	63-68	98-103	Ra	27-32	62-67	97-102
Ca	35	70	105	Bu	34-35	69-70	104-105	Ke	33-35	68-70	103-105

Vocabulaires techniques

12 SIGNES
- Bélier
- Taureau
- Couple
- Crabe
- Lion
- Jeune Fille
- Balance
- Scorpion
- Arc
- Crocodile
- Jarre
- Poissons

9 DIVINITES
1. Surya
2. Chandra
3. Guru
4. Rahu
5. Budha
6. Shukra
7. Ketu
8. Shani
9. Kuja

11 CATEGORIES
- Palais source
- Palais terne
- Palais brillant
- Palais bénéfique
- Palais maléfique
- Palais très bénéfiques
- Palais des appuis.
- Palais neutre.
- Palais vedha.
- Palais instable.
- Palais maraka.

5 ELEMENTS
- Feu
- Terre
- Air
- Eau
- Ether

AUTRES
- Kundali
- Convergence Karmique
- Karaka
- Regards

LES REGARDS

Regards ⇨		1	3	4	5	7	8	9	10
1	Surya	✓				✓			
2	Chandra	✓				✓			
5	Budha	✓				✓			
6	Shukra	✓				✓			
3	Guru	✓			✓	✓		✓	
4	Rahu	✓			✓	✓		✓	
7	Ketu	✓			✓	✓		✓	
8	Shani	✓	✓			✓			✓
9	Kuja	✓		✓		✓	✓		

IMPULSION INITIALE

1	Surya	Pouvoir, vitalité.
2	Chandra	Instable, le mental.
3	Guru	Enthousiasme, foi.
4	Rahu	Ambition, manipulation.
5	Budha	Mouvement, communication.
6	Shukra	Amour, relation.
7	Ketu	Destruction, renoncement.
8	Shani	Solitude, épreuves.
9	Kuja	Violence, force.

Mes notes

La numérologie des cycles

Printed in Poland
by Amazon Fulfillment
Poland Sp. z o.o., Wrocław